매출 때문에
고민입니다

불황 매장도 심폐 소생시키는 성공 비밀 41가지

매출 때문에 고민입니다

초판 1쇄 발행 2020년 3월 6일
초판 2쇄 발행 2020년 6월 8일

지은이 지현

발행인 백유미 조영석
발행처 (주)라온아시아
주소 서울특별시 서초구 효령로 34길 4, 프린스효령빌딩 5F

등록 2016년 7월 5일 제 2016-000141호
전화 070-7600-8230 **팩스** 070-4754-2473

값 16,000**원**
ISBN 979-11-90233-58-3 (13320)

매출 때문에 고민입니다

불황 매장도
심폐 소생시키는
성공 비밀
41가지

지헌 지음

RAON BOOK

프롤로그

고객에 대한 진정성이 성장을 가져온다

18년간의 미용인의 삶을 내려놓고 퇴사한 후 '이제 더 이상 미용 현장에서 일하지 않을 거야. 마흔부터는 새로운 인생을 살겠다'라고 굳게 마음먹고 다양한 삶에 도전했습니다. 그래서 빵도 배우고, 꽃도 배웠습니다. 하지만 제 머릿속에는 '이 빵은 고객 다과용으로 좋겠군. 이 플라워 박스에 헤어 제품을 구성해서 기프트 박스를 만들면 좋겠네' 등 어떻게 하면 헤어살롱에 적용할까라는 생각만 가득했습니다.

그러던 어느 날, 10년간 근무했던 '아이디헤어'의 위운미 대표님을 만났습니다. 그때 이런 말씀을 해주셨습니다.

"지현 이사, 최근에 어떤 사람이 책을 냈더라. 그래서 '이건 우리 지현 이사가 제일 잘하는 일인데……'라는 생각이 들었어. 지현 이사는 모든 분야를 현장에서 직접 경험하고 성과도 냈잖아. 그래서 말인데, 헤어살롱에서의 현장 경험을 책으로 써보면 좋겠다."

그 말씀은 곧 저에 대한 신뢰의 표현이기에 제게 큰 용기가 됐습니다. 그리고 난생처음 제 스스로의 가치를 인정하게 되었고, 여전히 제 가슴을 뛰게 하는 일은 미용인의 삶이라는 걸 깨닫게 되었습니다. 수많은 미용인들이 지금 이 시간에도 고객의 행복을 위해서, 스스로 미용인으로 성장하기 위해서 얼마나 열심히 공부하고 노력하는지 저는 잘 알고 있습니다. 그래서 감히 제 경험을 펼쳐놓는다는 게 고민도 되고, 솔직히 두렵기도 했습니다.

하지만 제 경험을 공유하는 것이 헤어살롱 원장님들에게 아이디어를 제공하고, 헤어디자이너들에겐 고객과 교감하려고 시도하는 기회를 준다면, 또 신입 파트너가 자신의 꿈을 이루는 데 동기부여가 되길 바라는 마음으로 첫 문장을 쓰기 시작했습니다.

아직도 TV 드라마에서는 헤어살롱과 헤어디자이너를 1980년대의 모습과 수준으로 묘사하는 경우가 많습니다. 지금 대한민국 헤어살롱은 전 세계적으로 미용 선진국의 역할을 하고 있는데 말이죠. 그래서 그런 사실을 모르는 사람들에게 헤어살롱의 구성원들이 어떤 사명을 가지고 고객을 만나고, 어떻게 자신을 발전시키기 위해 노력하는지, 리더들은 어떻게 미용 경영과 사람 경영을 하는지 알려주면서 그들을 미용 비즈니스 세계로 초대하고 싶다는 생각도 들었습니다.

성공의 기준이 좋은 차와 억대 연봉이라면 미용으로 성공한 사람들이 제 주변에는 넘쳐납니다. 저 역시 미용을 통해 그런 기회를 얻었습니다. 그러나 우리가 꿈꾸는 진짜 성공은 나로 인해 다른 사람이 행복해지는 것입니다. 그래서 헤어살롱의 경영자, 관리자, 헤어디자이너, 파트너들은 각자의 자리에서 이런 사명을 가지고 고객을 만납니다. 헤어살롱의 제1의 가치는 '머리를 잘하는 것'입니다. 이에 더하여 마케팅, 인간력, 감성, 서비스력을 갖춘다면 헤어살롱의 비즈니스 판은 훨씬 더 많이 성장할 수 있습니다.

이 책은 제가 헤어살롱 현장에서 겪었던 사례, 문제 해결, 실행한 아이디어를 통해 성과를 냈던 경험들을 담았습니다. 매출을 증대시키기 위해서 무엇을 해야 하는지, 고객과 무엇을 소통해야 할지, 구성원들을 성장시키기 위한 방법은 무엇인지, 어떻게 파트너 시절을 보내는 것이 미래를 준비하는 것인지에 대한 구체적인 방향을 제시했습니다. 미용계의 인재를 배출하는 미용대학 관련 학과 선생님들은 이 책을 통해서 헤어살롱의 현장을 이해하는 데 도움을 받을 수 있을 것입니다.

헤어살롱 영업은 고객의 아름다움을 지켜주기 위해 전문가로서의 책임을 다하는 것입니다. 영업의 기본은 고객에 대한 진정성입니다. 그래서 고객에게 어울리는 기술과 적합한 상품을 개발하고 제안하는 것입니다. 급변하는 시대에도 여전히 꼭 필요한 것은 기본의 충실함입니다. 독자분들이 이미 알고 있었거나 한 번쯤 실행해보았던 것, 예전에는 했으나 지금은 하지 않는 것일 수 있습니다. 제 경험 이야기를 통해 그동안 잊고 있었거나 또 다른 아이디어적 영감을 받았다면 꼭 실행해보기를 추천해드립니다.

지난 18년간 성공한 선배, 후배, 동료들을 보면서 깨달은 게 있습니다. 성과를 내는 것은 아이디어도 필요하지만 '꾸준한 실행'이 뒷받침되어야 한다는 것입니다. 누군가 이뤄낸 성공은 보이지는 않지만 멈추지 않고 꾸준히 시도한 5년, 10년 이상의 시간이 만들어낸 성과이기 때문입니다.

이 책은 헤어살롱 구성원들이라면 누구라도 고객과 나눌 수 있는 현장 전문가의 경험을 담고 있지만, 미용업계뿐만 아니라 고객과 함께해야 하는 영업 현장이라면 업종을 불문하고 분명히 도움이 될 것이라 확신합니다.

이 책은 전체 다섯 개의 장으로 구성되어 있습니다. 1장에서는 불황에도 계속 매출이 오르게 하려면 어떻게 해야 하는지 그 비결을 담았습니다. 2장에서는 흔히 간과하기 쉬운 디테일한 관리의 중요성을 짚었습니다. 무심코 지나치는 사소한 것들이 영업에 악영향을 끼쳐 매출을 떨어뜨립니다. 3장은 좋은 인재를 만드는 방법을 알려줍니다. 유능한 인재, 고객의 니즈를 충족시키는 인재가 매장의 운명을 결정한다고 해도 과언이 아닙니다. 4장은 서비스 감성 경영을 통해 단골고객을 확보하는 방법을 다루고 있습니다. 5장에서는 매출을 극대화하는 다양한 아이디어를 제안합니다.

최근 2~3년간 국내 경영 현장은 사회제도적 변화에 따라 큰 변화의 격랑 속에 있습니다. 이 속도는 따라가기 벅찰 정도입니다. 그런데 지금은 과거처럼 구성원들을 억지로라도 가르치고, 개인의 시간을 투자하여 배우게 하기는 어려운 시대입니다. 그래서 본인 스스로 배우는 것을 멈추면 성장도 멈추게 됩니다. 따라서 힘들지만 변화의 흐름에 맞춰 시간, 돈, 에너지를 투자하는 매장과 구성원만이 고객의 선택을 받을 수 있는 희망찬 미래를 기대할 수 있습니다.

그동안 제 책이 세상 밖으로 나오기를 오랫동안 기다려주고 기대해주신 선배, 후배, 동료분들과 지금 이 책을 읽고 계시는 독자분들께 제 경험이 단 한 가지라도 도움이 되기를 진심으로 바랍니다.

목 차

| 프롤로그 | 고객에 대한 진정성이 성장을 가져온다 4

1장

불황에도 계속 오르는 매출의 비결

고객은 기대하는 만큼 지불할 충분한 능력이 있다 17
특화된 기술로 소문이 나면 고객은 스스로 찾아온다 21
매장을 객관적으로 진단하면 매출액 증가의 해결책이 보인다 25
매장 밖에서 벤치마킹할 소재를 찾아라 29
서로의 노하우를 공유하면 그 이익은 상상 이상으로 크다 34
매장 관리자들이여, 현장 전문가의 꿈을 가져라 39

2장

영업실적을 올리는 디테일한 관리

나는 왜 관리자의 길을 택했나? 47
현장 상태와 파트너의 작업 동선을 파악하라 52
매일 한 가지씩 좋은 습관을 선정하여 함께 실천하라 57
사소한 지출의 빈틈을 찾아 수익을 관리하라 64
내 고객의 홈 케어와 홈 스타일링은 내가 설계해준다 69
앞머리 커트 손님은 언제나 앞머리만 하지 않는다 76
셀프 염색과 헤어살롱 염색 간의 차이점을 강하게 어필하라 81
매월 영업성과 브리핑을 통해 시상하고 공유하라 86
고객이 머무르고 싶은 매장을 만들어라 91
서로 멀티로 돕는 문화가 만들어내는 파워 95

3장

매장의 자산, 좋은 인재를 만드는 방법

고객의 신뢰는 구성원의 첫 이미지에서부터 시작된다 103
고객의 니즈에 딱 맞게 헤어디자이너를 배팅하라 108
불황기에도 하이 퍼포머는 예약이 밀린다 114
극성맞은 원장이 직원들을 성장시킨다 119
하이 퍼포머 파트너의 7가지 성공 비밀 125
탐나는 인재는 좋은 소문을 듣고 찾아온다 131
퇴사하려는 직원의 절반을 잡을 수 있는 비법이 있다 135
아침조회 분위기로 하루 매출을 이끌어라 141
구성원들을 웃게 하면 매출은 저절로 올라간다 146

4장

단골고객을 만드는 서비스 감성 경영

멤버십 고객 확보로 나의 팬을 만들어라 155
평생고객을 만드는 비밀 161
고객이 가장 원하는 니즈를 커뮤니케이션하라 166
고객의 입점은 전화응대에서부터 시작된다 172
높아지는 고객의 연령에 맞게 공부하라 177
서비스 태도가 헤어살롱의 성공 여부를 결정한다 182
서비스 음료도 가치있게 디자인하라 187
샴푸의 힘으로 매출 상승의 씨앗을 뿌려라 192
팁을 받기 위해 목숨 걸어라 197

5장

매출을 극대화하는 새로운 아이디어

남성 고객의 뷰티 시장에는 수익 창출 아이디어들이 넘친다 205
매장의 비즈니스 판을 바꾼다는 것 211
이벤트를 통해 획기적인 매출 확장을 만들어내라 219
매장 콘셉트에 따라 상품 아이템을 개발하라 225
우리 매장만의 유니크한 비장의 무기를 만들어라 230
보이지 않는 고객을 내 편으로 만들어라 236
고객을 위한 차별화된 프로그램을 만들어라 242

| 에필로그 | 더 많은 미용인들과 현장에서 만나기를 희망합니다 248
| 부록 | ❶ 월별 전체 성과 관리표 252
❷ 월별 홈 케어 고객 관리 기록표 254
❸ 연간 홈 케어 제품 판매 성과 관리표 256
❹ 월별 소개고객 관리표 258
❺ 예약고객 일일 사전 계획표 260
❻ 헤어살롱의 서비스 언어 262

1장

불황에도 계속 오르는 매출의 비결

고객은 기대하는 만큼 지불할 충분한 능력이 있다

고객의 가치를 함부로 예단하지 마라

헤어살롱 매장에서 꽃과 화분들을 내 맘대로 조합해 진열할 때마다 이런 생각이 들었다. '도대체 꽃병의 물은 언제 갈아야 하지?', '꽃의 줄기 끝을 얼마만큼 잘라야 하지?', '왜 꽃이 피지 않을까?' 매장의 죽어가는 화분들을 볼 때마다 아깝고 답답한 마음이 들었다.

사실 매장의 화분 관리는 헤어살롱의 숙제이기도 하다. 항상 꽃을 전문적으로 배우고 싶었는데 때마침 국비 지원으로 플로리스트 과정을 수료하게 되었다. 과정 수료 후 꽃을 좀 더 전문적으로 배우고 싶었다. 그래서 과정을 진행했던 강사에게 영국 브랜드 플라워 아카데미에 대해 계속 자문을 구했다. 그런데 조금 당황스러운 상황이 벌어졌다.

내가 궁금했던 것은 커리큘럼의 비교나 효용가치였는데 강사님은 수차례 "수강료가 너무 비싸요. 부담스러우실 텐데요……"라며 금액에 대해서만 재차 언급했다. 내 입장을 고려해준 그분의 마음씀씀이가 고맙기는 했지만 한편으론 이런 이상한 생각이 들었다. '내가 국비 수강생이라 형편이 어렵다고 생각하나? 아님 강사님은 자기는 꽃에 대해 잘 아니깐 굳이 그 돈 주고 배울 필요 없다는 건가?'

여러 차례 비용은 상관없으니 전문가의 입장에서 장단점에 대해 조언을 구하고 싶다는 의견을 피력했음에도 불구하고 우리의 대화는 결국 비용에서 마무리되었다.

나는 무조건 비싼 곳을 선호하거나 사치를 부리는 사람은 아니다. 명품 가방을 300만 원을 주고 선뜻 사지는 않지만 지식이나 기술을 쌓는 일에는 300만 원 이상을 투자할 수는 있다. 나를 성장시키고 그만한 가치를 얻을 수 있는 곳에 기꺼이 돈을 쓸 수 있다.

고객에게 최상의 시술을 제안하라

고객이 헤어살롱에서 얻고자 하는 가치는 대개 이렇다. '지금보다 더 아름다워지고 싶다', '기분전환을 하고 싶다', '헤어스타일에 변화를 주고 싶다' 등이다. 미의식이 높은 고객은 피부의 윤기를 넘어 모발의 윤기가 전체적인 이미지에 긍정적인 영향을 끼친다는 걸 잘 알고 있다.

그런데 종종 헤어살롱에서도 고객의 지불 능력을 미리 예측하고 시술 요금에 대해 부담스러워할까 봐 최상의 시술을 제안하지 못하는 헤어디자이너들을 볼 수 있다. 고객에게 주고자 하는 기술적 가치가 확실하다면 자신 있게 제안할 수 있어야 한다.

볼륨 매직 스트레이트를 희망하는 고객이 있다. 이 고객의 현재 모발 상태는 가늘고 극손상모이다. 이 고객은 헤어디자이너 배정에 따라 상담, 시술 방법, 시술 요금이 달라질 수 있다. A디자이너의 경우 고객이 요금이 비싸다고 부담스러워할까 봐 극손상모임에도 불구하고 모발 클리닉을 제안하지 못한다. 그에 비해 B디자이너는 모발의 손상 상태에 따른 정확한 진단, 시술 결과에 대한 예측, 시술 후 만족도 등을 고려하여 모발 클리닉을 제안해 시술한다.

퍼머나 염색은 화학 제품과 디자인 기술력의 결합으로 이루어지는 시술이다. 모발 손상 단계에 따라 선택하는 약제나 클리닉의 종류, 시술 단계가 달라진다. 손상으로 텅 빈 모발의 내부를 단백질로 채워주고, 높은 온도의 열이나 약제에 모발 표면이 잘 대응해야 헤어 시술 결과가 만족스러울 수 있다. 그러므로 헤어디자이너의 역할은 고객의 모발 상태를 정확히 진단한 후 클리닉이 꼭 필요한 이유를 정확히 설명하고 제안해야 한다.

그렇다면 고객의 입장에서 좋은 헤어디자이너는 누구일까? 고객은 무조건 자신이 요구한 대로 기본요금만 결제할 수 있는 시술에 만족하는 것은 아니다. 헤어디자이너는 신이 아니다. 의사가 적절한 수술법과 처방을 하는 것과 마찬가지로, 필요에 의해 클리닉 시술이 처방되는 것이다. 고객에게 클리닉 시술 과정에 대한 정확한 안내와 설명으로 클리닉의 가치를 깨닫게 할 필요가 있다. 고객들은 자신이 받은 클리닉 시술 과정이 어떤 것인지 궁금하기도 하고, 또 지불한 금액만큼의 효과가 있을지 대한 기대가 있기 때문이다.

기대하는 가치만큼 기꺼이 지불하는 시대

우리는 저가의 김밥천국 김밥의 소비자이기도 하고, 프리미엄 김밥 브랜드의 소비자이기도 하다. 그때그때 김밥 한 줄에 기대하는 가치에 따라 다르게 선택한다. 만약 프리미엄 김밥 브랜드를 선택했다면 기대하는 가치인 차별화된 김밥의 재료, 매장의 청결, 직원의 서비스 태도 등에 요금을 지불하게 되는 것이다.

마찬가지로 저가의 남성 커트 전문점을 찾는 고객과 남성 이발소를 현대적으로 브랜딩한 고가의 바버숍(barber shop)을 찾는 고객의 기대 욕구는 다르다. 저가의 남성 커트 전문점을 찾는 고객은 '기본적인 커트 실력', '빠른 커트 시간'과 셀프 샴푸가 이루어지고 부가 서비스는 제외해 가성비가 높은 것이 선택 기준의 가치가 된다.

그에 비해 고가의 바버숍을 찾는 고객은 '섬세하고 디테일한 커트 실력'과 '헤어 이외의 전반적인 스타일을 제안할 수 있는 스타일력', 고객의 음악 취향까지 고려한 '서비스 감성', '인테리어 환경' 등의 감성 조건을 만족시키는 것이 중요한 요소이다.

고객은 헤어디자이너의 디테일한 서비스, 특화된 기술과 자신들의 숨소리까지 파악하려는 섬세함과 감성에 고가를 지불할 만한 가치가 있다고 생각해 투자한다. 고객은 본인이 원하는 가치를 줄 수 있는 곳이라면 기꺼이 지갑을 열 수 있다.

특화된 기술로 소문이 나면 고객은 스스로 찾아온다

예전에는 눈에 잘 띄는 위치의 좋은 상권일 경우 헤어살롱의 성공할 확률이 높았다. 하지만 지금은 온라인의 활성화로 헤어살롱이나 헤어디자이너의 꾸준한 노력과 의지만 있다면, 상권에 상관없이 그 분야에서 의도한 대로 브랜딩해 자신을 알릴 수 있는 시대다. 전국 어디에서나 헤어디자이너의 얼굴, 휴무일까지 확인할 수 있다. 그래서 고객들은 헤어살롱이 숨겨진 골목, 지방에 있더라도 원하는 헤어스타일을 할 수 있는 전문가가 있다면 기꺼이 찾아간다.

온라인에서 원하는 컬러나 펌머, 커트의 헤어스타일 사진을 보고 마음에 들면 멀리서도 찾아간다. 심지어 비행기를 타고 찾아가기도 한다. 그리고 어디서도 해결하지 못했던 악성 곱슬머리, 극손상모, 반복된 시술로 경화된 모발, 문제성 두피 등에 특화된 전문가라는 입소문을 듣고 찾아가기도 한다. 그리고 특화된 시술 분야라면 고객뿐만 아니라 헤어디자이너들도 전문가를 적극적으로 찾아가 배운다.

고객이 꼭 방문하고 싶게 특화된 기술을 장착하라

나는 최근 디자인 컬러를 좀 더 전문적으로 배우고자 여러 곳을 알아보던 중 후배 원장의 추천으로 인스타그램에 게시된 시술 사진을 보게 되었다. 게시된 사진으로 헤어디자이너의 컬러 실력의 전문성을 볼 수 있었다. 그런데 이 헤어살롱은 이미 고객들에게 디자인 컬러를 잘하는 곳으로 소문이 난 곳이었다.

컬러 교육을 받기 위해 찾아간 매장은 눈에 잘 띄지 않아 찾기가 쉽지 않았다. 매장은 3층에 위치했고, 간판도 잘 보이지 않았다. 지나가는 사람들이 그 헤어살롱에 대한 정보 없이는 선뜻 들어오기는 쉽지 않을 것 같았다. 특화된 기술과 온라인 마케팅의 활성화는 매장의 위치도 무색하게 만드는 큰 힘이 있다는 걸 다시 한 번 깨닫게 되었다. 그리고 일반 고객은 물론이고 미용인들이 지방에서도 찾아와 컬러를 배워 갔다.

디자인 컬러 교육 과정은 이미 20회 정도 진행되었고, 이 교육을 받은 교육생은 200명이 넘었다. 교육은 화요일 오전 매장에서 이루어졌다. 교육이 있는 화요일은 매장 영업을 1시부터 시작한다는 것 또한 나에게는 신선한 충격이었다. 영업시간은 오직 일반 고객을 위해서만 써야 한다는 나의 패러다임이 여지없이 깨졌기 때문이다.

이것은 예약제로 운영되는 헤어살롱이기에 가능하기도 했지만, 매장에 콘셉트가 있다면 만들어낼 수 있는 영업 형태인 것이다. 이 매장은 이렇게 두 가지 형태의 고객을 만들어냈던 것이다.

미용인도 배우러 찾아오는 컬러 전문 헤어살롱

미용업계에서 대체로 화요일 오전은 매출이 저조한 시간이다. 그런데 이 시간을 교육상품으로 활용하여 매출이 발생되고 있었다. 또 헤어살롱 자체 시술제품을 만들어 사용하면서 제품 원가를 낮춘 것은 물론이고 교육생들도 그것을 구매할 수 있도록 오픈했다.

이 강의를 듣는 교육생들은 대개 현장에서 헤어살롱을 운영하거나 헤어디자이너이므로 이 헤어살롱 자체 제품의 유통을 확장할 수 있는 새로운 거래처도 생겨나는 구조였다. 이로써 이 헤어살롱에서는 매출이 발생하는 구간이 교육, 영업, 유통 세 가지 채널을 갖추게 된 것이다. 이처럼 헤어디자이너 개인의 성장을 넘어 매장 전체가 특화된 강점을 가지고 운영한다는 것은 굉장한 이점이 있다.

"컬러가 좋아서 3년간 미쳐 있었더니 전문가로 인정받고 있다"는 헤어디자이너의 말이 특히 인상적이었다. 그리고 컬러를 좋아하는 헤어디자이너를 믿고 경영자가 그렇게 할 수 있도록 독려해주고 공유하는 것을 보고 함께 성장하는 헤어살롱의 진면목을 볼 수 있었다.

나는 헤어살롱의 경영자나 헤어디자이너를 만나면 "우리 헤어살롱은 어떤 전문성이 있나요? 어떤 특화된 기술이 있나요?"라고 꼭 질문한다.

헤어살롱이 모든 시술을 잘해야 하는 것은 당연하지만, 지금은 다른 매장에는 없는 특화된 기술이 있어야 살아남는 시대임을 기억하라.

매장을 객관적으로 진단하면 매출액 증가의 해결책이 보인다

〈백종원의 골목식당〉은 내가 꼭 챙겨 보는 흥미로운 프로그램이다. 매장 영업 현장이라면 공통적으로 접목되는 부분들이 많기 때문이다. 백종원 대표는 방송에서 매장에 따라 각각의 특징, 상권, 매장 관리, 서비스, 고객, 메뉴, 맛 등을 예리하게 분석한다.

고객과 가게 주인의 표정이나 말투 등을 하나도 놓치지 않는 부분은 헤어살롱의 운영과 비슷하다. 헤어살롱도 매출액을 증가시키기 위해서는 기술, 서비스, 마케팅의 세 가지 요소를 점검해 부족한 부분을 보강하고 잘하는 분야를 강화시켜 매출 성과를 이끌어내야 하기 때문이다.

나는 지난 18년간 헤어살롱에 근무하면서 기술, 관리자, 매장감사, 슈퍼바이저로서 매장을 분석하고 관리했다. 그래서 지금은 매장에 앉아 있는 고객들의 표정, 매장 청결, 헤어디자이너의 시술집중도, 기술력, 접객서비스, 매장이나 개인의 분위기, 시술 디테일 등을 별도의 체크리스트가 없어도 자동적으로 보고 듣고 느끼며 파악할 수 있다. 만약 지금 매출 증대를 꿈꾼다면 자신의 매장을 전문가를 통해 객관적으로 진단해봐야 한다.

지금 당장 당신의 매장을 둘러보라

'우리 헤어살롱의 매출은 왜 오르지 않을까? 왜 고객은 없는 걸까?'를 고민하는 매장을 보면 대개 어수선하고 정리정돈이 되지 않은 곳들이 많다. 늘 머무는 매장 환경에 익숙해지면 보이지 않고, 들리지 않게 되어 놓치기 때문이다.

제일 먼저 살펴봐야 할 사항은 헤어살롱의 환경 관리이다. 매장 환경은 고객의 시각과 후각, 청각을 동시에 자극한다. 매장 구석에 말라죽어 있는 화분, 샴푸대 의자 속에 쌓인 수북한 먼지, 얼룩진 뒷거울, 머리카락이 잔뜩 엉켜 있는 브러시, 먼지 가득한 조화, 사시사철 변함없이 그 자리에 있는 소품들이 익숙함으로 방치되고 있지는 않은지 점검해야 한다.

매장 환경에 대해 생각한다면 주기적으로 화분이나 소품의 위치를 바꿔 변화를 주는 노력을 하게 된다. 별것 아닌 이 행동이 고객들에게는 변화로 인식된다. 바닥에 방치된 드라이기 줄을 정리하거나 보이지 않는 곳에 떨어진 사소한 고무줄 하나를 줍는 습관을 들이지 않고서는 매장 서비스를 논할 수 없다.

나는 매장 관리의 기본인 이 부분을 강조하고 내가 먼저 움직였다. 덕분에 말하지 않아도 함께 일하는 구성원들은 일사분란하게 바닥을 정리하고 드라이기 줄을 감았다. 그렇지만 이런 것이 저절로 되는 것은 아니다. 말하지 않아도 될 정도가 되기 위해서는 집요한 잔소리와 구성원들의 눈에도 보이도록 하는 훈련과 서로의 노력이 필요하다.

크기에 상관없이 꼭 '매장 운영 시스템'을 갖춰라

나는 길을 가다가 가장 동네 미용실답다고 느낄 때는 매장 입구에 빨래 건조대에 널린 수건을 볼 때이다. 고객이 브랜드 미용실에 1만 원을 더 주고도 시술을 받는 이유는 기술력이 전부는 아니다. 안타깝게도 매장에 들어오는 고객에게 헤어살롱의 수준을 낮춰 버리는 것이 매장 앞에 널려진 수건이라는 사실을 모른다는 것이다.

매장 출입구에서부터 화장실까지는 어떤 상태인가? 이와 관련해 잊히지 않는 사건이 하나 있다. L헤어살롱에 관리실장으로 근무하던 시절, 대표님께서 매장에 방문하셨을 때의 일이다. 그날 점장님과 나는 남자 화장실로 호출됐다. 대표님은 화장실 청소용품을 가져오라고 하신 후, 맨손으로 직접 화장실 변기를 구석구석 청소하셨다. 우리에게 화장실 청소를 바로 지시하거나 지적할 수 있었는데 아무 말씀 없이 몸소 청소함으로써 깨닫게 하셨다. 그때 이후 나는 틈나는 대로 매장의 화장실을 점검하고, 세면대 주변 물기라도 닦고 나오는 습관이 생겼다.

이외에도 고객의 머리를 말릴 때 사용되는 얼굴 앞가리개에 찌든 스프레이 자국이나 파운데이션 얼룩은 없는지, 구김과 얼룩으로 번진 커트 보, 드라이 보를 사용하지는 않는지 점검해보자. 사소하다고 느낄 수 있겠지만 바로 이런 디테일이 바로 명품 헤어살롱을 만든다.

그리고 오픈시간부터 마감시간까지 어떤 방식으로 영업시간을 운영하는지 살펴보자. 일부 개인 헤어살롱의 경우 영업시간이 원장의 개인 스케줄에 따라 불규칙한 곳이 있다. 헤어살롱의 불규칙한 영업시간은 매장 앞을 지나다니는 가망고객들에게 신뢰받기 어려운 매장으로 인식하게 한다.

이 모든 것들이 고객이 당신의 매장을 바라보는 객관적인 시선이 된다. 이런 사항들을 디테일하게 관리하는 것이 헤어살롱의 만족도를 높이는 숨은 요소가 된다. 따라서 크기에 상관없이 반드시 매장 운영 시스템을 갖춰야 한다.

매장 밖에서 벤치마킹할 소재를 찾아라

벤치마킹은 헤어살롱에서도 빼놓을 수 없는 경영활동 중 한 가지다. 또한 지금 헤어살롱은 대기업에서도 찾아와 연구하는 벤치마킹의 대상이 되고 있다. 끊임없이 성장을 시도하는 미용업계에서는 교육, 시스템, 서비스 성과를 만들어내는 곳이라면 어디서든 배우고자 적극적으로 움직인다. 해외, 지방 등 거리는 중요하지 않다. 그들을 연구하고 자극을 받으면서 발전하고 있다.

내가 아이디어를 얻거나 벤치마킹하는 곳은 일상생활의 모든 장소이다. 온라인을 통해 정보를 수집하기도 하고, 직접 찾아가서 경험해 보기도 한다. 이 모든 것은 헤어살롱의 상품 메뉴나 서비스를 개발하는데 도움이 된다. 그리고 그런 경험을 나만의 언어로 해석해 구성원들에게 아이디어를 전달한다. 그중에 몇 가지를 소개하겠다.

사우나에서 고객을 연구하다

사우나는 여성 고객들의 헤어 관리 습관에 대해 관찰하기에 최적의 장소이다. 샴푸, 트리트먼트의 사용 여부나 사용 방법을 관찰하면서 헤어살롱에서 만나는 고객에게 현실적으로 조언할 부분을 찾는다.

예를 들어 사람들의 목욕 바구니 안을 들여다보면서 주로 사용하는 헤어 제품들을 탐구한다. 이렇게 하면 마트나 홈쇼핑의 인기 제품들이 바구니에 꼭 들어 있는 것을 볼 수 있다. 이를 통해 고객에게 어필되는 주력 상품을 확인하고, 이후 제품에 대한 특징을 살펴본다.

한 번은 중년 여성분이 목욕탕에 비치되어 있는 비누로 머리를 감자마자 젖은 머리로 사우나에 들어가는 것을 보고 모발 손상이 염려되어 속이 탄 적이 있다. 또 기능성 전문 샴푸를 쓰면서 두피에 방치하는 시간을 두지 않고 바로 헹궈 버리는 것도 보게 된다. 이럴 때는 '헤어살롱에서 제품을 판매하고 사용법에 대해 정확히 알려주는 것'이 필요하다는 사실을 새삼 느끼게 된다.

또 사우나에서 10대 여학생들이 공들여 트리트먼트를 하는 모습을 관찰하면 사춘기 소녀들의 외모에 대한 관심도를 이해할 수 있다. 그런데 이 여학생이 밖에서 머리를 말릴 때 두피 냄새가 심하게 나서 걱정이 되었다. 이것은 사춘기 자녀를 둔 고객과의 대화나 또래 학생 고객과의 소통할 거리가 된다.

이처럼 사람들이 머리를 감고 말리는 모습을 보면서 헤어살롱 구성원들과 이러한 내용들을 공유한다. 고객에게 뷰티 습관에 대해 무엇을 설명해야 하는지 대화할 거리들이 생기기 때문이다.

키즈 아이템으로 부모를 사로잡아라

헤어살롱에 어린이를 동반하는 고객이 많다면 고민하게 되는 부분이 있다. 어떻게 하면 시술하는 부모와 어린이가 매장에서 편안하고 즐거운 시간을 보낼 수 있을까이다.

나는 6세, 10세 조카들에 의해 '어린이박물관'과 '한글박물관'에 끌려간 적이 있다. 비록 끌려갔지만 어린이의 눈높이에서 매장에 적용할 아이디어를 한 가지라도 얻어야겠다는 마음으로 생각하고 따라다녔다. 그중에 어린이 박물관에서는 헤어살롱 테이블 구성에 대한 아이디어를 얻었다.

박물관 테이블은 색칠 공부를 할 수 있는 색연필과 밑그림 도안이 구비되어 있었다. 특히 테이블에 홈이 패여 있어서 그곳에 색연필이 들어 있었다. 조카들을 포함해 스무 명의 아이들은 테이블에 모여 색칠 공부에 빠져 있었다. 키즈 전용 헤어살롱이 아니어도 매장에 이 정도만 구비되어 있다면 부모들이 마음 편하게 머리를 할 수 있을 것 같았다. 매장에 오는 어린이에 대한 배려와 고민을 해볼 수 있는 벤치마킹의 시간이었다.

아이들은 헤어살롱에서 주는 팝콘이 맛있어, 부모에게 팝콘 주는 미용실로 가자고 해서 오게 된다는 고객들의 피드백이 있었다. 어린이고객의 흥미를 끌고 부모들도 마음 편하게 머리를 할 수 있는 아이템을 연구하는 것도 고객에게 줄 새로운 경험을 설계할 수 있는 방법이다.

트렌드는, 성형외과와 호텔 마케팅에서 찾아라

헤어살롱에서 발송하는 문자의 문구는 주로 '오픈 3주년 기념 열펌 시 클리닉 무료 서비스' 또는 '염색 30% 할인' 등의 내용이다. 고객에게 혜택과 효과를 표현할 수 있는 감각적인 마케팅 문구를 원한다면 다른 분야에서 벤치마킹할 필요가 있다.

예를 들어 성형외과는 '뷰티'라는 공통점으로 최신 트렌드들이 반영된 뛰어난 마케팅 기술이 있다. 성형외과에서 발신된 마케팅 문자를 보면 내용이 대개 이렇다. '집 나간 V라인이 살아나는 리프팅(뽐성형외과)', '오'점' 하나 없는 선물, 누가 봐도 좋아 보여(스무살의원).' 이 상품명은 리프팅 시술, 점 제거, 스킨케어라는 직접적인 문구보다 효과를 잘 표현한 문구로써 호기심을 자극한다.

또 다른 예로 호텔의 경우 '호캉스'를 넘어 '키캉스(키즈+바캉스로 아이들에 맞게 구성된 상품)', '뷰캉스(뷰티+바캉스로 뷰티 제품을 구비해놓은 상품)' 등도 출시된다. 마찬가지로 이 또한 상품 메뉴와 구성 디자인, 시술 프로그램에 적용할 수 있다. 호텔 상품 트렌드를 연구하게 되면 고객들이 희망하는 휴식, 감성 트렌드를 제대로 반영할 수 있다.

최근 스타벅스는 일회용 우산비닐기계 대신 '친환경 우산 빗물 제거기'를 했다. 헤어살롱에서도 비 오는 날 우산 보관이 쉽지 않다. 우산을 비닐에 넣어도 빗물이 고여서 고객 로커에 보관하기 적합하지 않다. 헤어살롱에 비치할 친환경 우산 빗물 제거기를 살펴보니 기계 모양, 보관 사이즈도 적당했다. 기계 안쪽이 헝겊 실로 되어 있어 우산을 넣고 5회 정도 털어주면 된다. 이 기계를 중대형 헤어살롱에도 도입하면 좋을 것 같다고 생각했다.

벤치마킹이 꼭 대단할 필요는 없다. 일상생활의 곳곳을 들여다보면 헤어살롱에 적용할 수 있는 아이디어들이 넘쳐난다.

서로의 노하우를 공유하면 그 이익은 상상 이상으로 크다

4차 산업혁명시대를 맞아 현재 우리는 '소유의 시대'를 넘어 '공유의 시대'에 살고 있다. 자동차, 패션, 오피스, 주방 외 공간과 물건 등 다양한 공유가 진행되고 있다. 과거에는 꽁꽁 숨겨두었던 '며느리도 모른다는 맛집'의 비밀인 기술도 노하우를 공유함으로써 새로운 가치를 만들어내고 있다.

기술과 노하우의 공유는 미용업계에서도 활발히 이루어지고 있다. 미용업계는 온오프라인 교육을 통해 새로운 부가가치를 만들어내고 있으며, 개인의 기술과 노하우의 공유는 한국 미용 산업의 발전으로 이어져 K뷰티가 해외에서도 인정받고 널리 알려지는 기회를 제공하고 있다. 그로 인해 현재 K뷰티 스타일을 배우기 위해 국내로 오는 해외 미용인들이 점점 더 많아지고 있다. 또 해외 미용업계의 초청으로 우리나라 헤어디자이너들이 해외에서도 개인의 노하우를 전하는 세미나가 빈번하게 열리고 있다. 이러한 노하우를 공유하는 것이 바로 미용 산업의 수출인 것이다.

열린 마음과 수용의 태도가 필요하다

이처럼 미용업계가 더욱 성장하고 발전하기 위해서는 서로의 노하우 공유가 적극적으로 이루어져야 한다. 그러기 위해서는 서로의 기술이나 노하우를 '나누고자 하는 열린 마음'과 '배우고자 하는 수용의 태도'가 필요하다.

신입 헤어디자이너들은 배움의 태도가 하얀 도화지 같다. 그래서 새로운 기술의 습득이나 노하우를 거리낌 없이 수용하여 본인의 것으로 만든다. 배운 대로 시도해보는 도전정신이 있다.

반면에 정체되어 있는 경력자들은 타인의 노하우를 인정하지 않거나 본인의 방법만을 고수한다. 이들의 가장 큰 방해 요소는 "그거 예전에 다 해봤던 거야", "그건 비현실적이야" 하는 태도이다. 사실 비현실적이라고 생각하는 방법은 누군가가 이뤄낸 결과이기도 한데 말이다. 경력자들은 신입 헤어디자이너들의 참신함, 틀에 갇히지 않은 새로운 시도, 오픈마인드를 갖고 있는 이들의 실력에 대한 인정과 기술 수용 태도를 배울 필요가 있다. 이렇게 변화를 받아들이는 헤어살롱은 도태되지 않고 끊임없이 성장한다.

대형 헤어살롱의 경우 한 매장에 근무하는 인원들이 많기 때문에 인원수만큼 공유할 수 있는 노하우가 많다. 파트너부터 관리자,

헤어디자이너들 각자가 매월 한 가지씩 노하우를 공유한다면 연간 노하우 공유 교육 스케줄을 짤 수 있을 정도이다. 예를 들어 본인만의 노하우라고 생각하는 기술이나 서비스가 있을 수 있고, 동료들이 그에게 배우고 싶어 하는 분야가 있을 것이다. 이것을 공유하면 큰 시너지를 일으켜 헤어살롱과 헤어디자이너의 성장 동력이 된다.

노하우 공유하는 개인의 이익으로 돌아온다

개인의 노하우를 공유하면 '노하우를 공유하는 자신'에게 가장 이익이 크다. 선후배와 동료들에게 본인의 노하우를 나누기 위해 준비하는 동안 더 많은 공부를 하고, 피드백을 받고 이로 인해 동기부여를 받게 된다.

현 시대는 자신의 노하우를 감추거나 '이것을 알려주면 저 사람이 따라 해서 내 경쟁력이 없어지겠지?'라고 생각하는 사람은 더 큰 성장을 할 수 없다. 내가 가진 것 한 개를 주면 동료들이 가진 아홉 개의 노하우를 나도 얻게 된다.

노하우로 얻은 향상된 실력으로 헤어디자이너는 고객을 더 자신감 있게 만날 수 있게 된다. 그래서 고객은 더 예뻐지고 멋있어질 수 있다. 더 예뻐지고 멋있어진 고객은 일상생활에 자신감이 생기고, 자신감은 고객의 삶에 활력을 주게 된다. 이것이 미용의 가치이자 미용인의 사명이다. 이것은 사회적으로 선순환이 이루어지게 된다.

1인 헤어살롱에 '공유'는 생존력을 제공한다

요즘은 1인 헤어살롱이 늘어가는 추세다. 1인 헤어살롱의 오너 원장들은 진짜 실력자들이 많다. 그런데 1인 헤어살롱의 원장에게도 고민과 어려움이 있다는 것을 알게 되었다. 그들은 모든 것을 혼자 해결해야 하며, 개인의 성장이나 매장의 고민에 대해 툭 터놓고 상의할 대상이 없다는 것이다. 그리고 또 본인에게 동기부여를 해주거나 피드백해주는 누군가가 옆에 없다는 외로움이 있다.

그렇기에 1인 헤어살롱의 성장에 긍정적인 역할을 할 수 있는 커뮤니티가 미용업계에 적극적으로 형성되어야 한다. 나 역시 소형 헤어살롱 원장들과의 스터디 팀이 있다. 실력 있는 헤어살롱 원장들과의 스터디를 통해 그들의 기술적 노하우를 가까이서 배울 수 있다는 이점과 함께 헤어살롱의 고민을 같이 연구한다는 것은 나에게 자극과 성장 동력이 된다.

한 번은 스터디 팀의 원장님이 나에게 이런 질문을 했다.

"지금 헤어를 직접 하지 않는데 뭘 그렇게까지 기술을 배우시는 건가요?"

그때 나는 이렇게 대답했다.

"제가 가장 두려하는 것은 헤어살롱 현장력이 없어지는 것이에요. 현장력에는 기술도 포함이 되지요. 헤어 기술은 계속 발전하고 있고, 모발 손상에 따른 대응기술도 제품도 발전하고 있어요. 기술에 대해 공부하려는 욕심이 줄어들면 현장에 있는 헤어디자이너들과 기술적으로 깊게 소통할 수가 없어요. 그래서 기술도 계속 배우는 거예요. 원장님들과 한 팀으로 공유할 수 있어서 정말 감사해요."

헤어살롱 스터디 팀을 통해서 배우는 것은 기술뿐만이 아니다. 미용 현장력을 잃지 않기 위해서는 고객들의 심리, 고객들의 니즈, 두피와 모발 상태, 파트너들의 심리, 갈등, 욕구 등에 대한 토론과 연구가 이루어진다. 나 역시 기술 이외의 상품 및 경영 컨설팅 등을 나누는 역할을 한다.

'매슬로의 5단계 욕구' 중에서 3단계는 '사회적 욕구'이다. 사회적 욕구는 소속감을 통해 안정감을 느끼는 것이다. 인간은 타인과 관계를 맺고 소통하고 싶어 하고, 공동체 속에서 지내고자 하는 욕구가 있다. 그러므로 개인 헤어살롱의 노하우 공유를 통한 연합은 소속감에 대한 욕구를 충족시키는 역할을 한다. 이렇게 서로의 노하우가 공유되면 1인 헤어살롱의 브랜드력이 강화될 수 있다.

매장 관리자들이여,
현장 전문가의 꿈을 가져라

헤어디자이너들은 미용을 하면서 목표로 삼고 꿈꾸는 미래가 있다. 오너 원장이 되는 것부터 대형 헤어살롱의 경영자, 뛰어난 기술과 노하우로 기술원장이 되거나 또는 후배들을 가르치는 강사나 교수가 되는 것 등 다양하다.

헤어살롱의 관리자 역시 전문 분야로서의 명확한 비전이 있는 직업이다. 나를 포함해 내 주변에는 헤어디자이너에서 관리자로 전향했거나 일반 업무에서 관리자의 일을 하기 시작해 성공한 리더들이 많이 있다. 이들은 고액 연봉자이기도 하고, 경영자이기도 하다. 이들은 유능한 헤어살롱의 관리자로서 스타 헤어디자이너 못지않은 대우를 받는다. 그러므로 스스로 전문가로서의 꿈과 목표를 설정해야 한다.

현장 전문가는 다양한 사례로 만들어진다

헤어살롱 관리자는 고객 서비스, 인사, 교육, 재무, 환경 관리, 갈등 및 고충 처리, 고객 컴플레인 접수 및 해결, 돌발 위기상황 해결, 고객 상담과 고객 배정, 직원 상담, 마케팅, 기획 등의 업무를 한다.

헤어살롱의 규모나 시스템에 따라 관리자의 역할이 세분화되고, 직급별 업무가 구분되기도 하고, 처음부터 모든 업무를 멀티플레이어로 배워가면서 업무를 담당하기도 한다. 매장에서 문제가 발생한 경우 순차적 프로세스에 의해 해결하는 상황도 있지만, 매장의 돌발 상황에 따라 예상치 못한 문제 발생으로 위기 대응 능력이 만들어지기도 한다.

예를 들어 갑자기 헤어살롱에 물이 나오지 않는 상황을 겪어보면 먼저 고객들에게 양해를 구하고 생수를 사다가 샴푸를 한다든지, 전기가 차단된 경우에 처리하는 과정에서 해야 할 일은 방문한 고객들을 돌려보내면서 다음번에 올 때 쓸 수 있는 할인 쿠폰을 드려 다시 방문할 수 있도록 하는 문제 해결 프로세스가 생긴다. 이렇게 경험한 다양한 사례들이 축적되고 본인의 강점이 더해져 현장 전문가가 될 수 있다.

그중에 헤어살롱 내부 직원 상담 전문가가 된 경우가 있다. "점장님, 저, 드릴 말씀 있는데요"를 가장 많이 듣고 겪은 관리자는 다양한 상담 사례를 축적하게 된다. 구성원들이 상담을 원하는 경우는 퇴사, 이직, 휴직을 하고 싶을 때이기 때문이다. 이 과정에서 상담을 통해 직원들의 갈등 및 고충에 대해 알게 되고, 문제를 해결하기 위해 함께 고민한다.

지인 중에 매니저로 입사해 지금은 30명 이상의 구성원들과 함께하는 오너 원장이 있다. 그 원장은 직원 상담의 달인이다. 대형 헤어살롱 관리자들의 경우 30명부터 많은 경우는 80명까지 있는 곳을 관리하게 된다. 이 경험을 통해 그녀가 만난 직원 수만큼 다양한 사연, 상담 사례가 생긴 것이다. 그래서 그녀는 지금은 구성원들의 눈빛만 봐도 현재 컨디션을 파악할 수 있다고 한다. 컨디션이 좋지 않은 구성원을 발견할 때는 아무 말 안 하고 "퇴근하고 밥 먹자!"라고 한다. 이때 함께 밥을 먹으면서 매장 안에서나 사적으로 겪는 그 사람의 어려움을 알게 되고, 고민을 해결해준다.

이런 상담 사례들을 하나씩 모아서 해결 사례집을 만들면 하나의 훌륭한 상담 가이드북이 되는 것이다. 이와 같은 경험으로 그녀는 직원 상담을 어려워하는 후배 관리자들에게 노하우를 공유하는 상담 전문가로서의 역할을 하고 있다.

서비스 경험이 현장 서비스 전문가로 키운다

헤어살롱 현장 서비스 전문가가 된 사람도 있다. 내가 대학을 졸업하고 입사한 곳은 고객 서비스 중심의 헤어살롱이었다. 한 고객에게 이루어져야 하는 서비스가 알파벳순으로 체계화되어 있었다.

그중에 한 가지는 일대일 고객 다과 서비스를 하기 위해 매장을 돌아다닐 때 반드시 앞치마와 머릿수건을 착용해야 한다는 것이었다. 청결한 안전 서비스가 기본이기 때문이다. 또 다른 서비스는 고객이 매장에서 편안하게 시술을 받을 수 있도록 하기 위해 신발을 슬리퍼로 바꿔주는 것이었다. 이것은 할 수 있는 서비스이고, 지금도 진행하는 서비스이다. 그런데 그 당시 새롭게 도입된 서비스가 있었다. 바로 고객의 구두를 닦아주는 것이었다. 쭈그려 앉아서 구두약을 바르고 광을 내야 하거나, 구둣솔로 고객의 구두를 깨끗하게 닦아주어야 했다.

그 당시에는 '내가 집에서도 아버지 구두 한 번 안 닦았는데 이게 뭐하는 짓인가?' 하는 자괴감이 들었고, 구두 닦는 게 너무 싫어서 그만두어야 하나 생각했다. 물론 얼마 지나서 이 서비스는 사라졌다.

이후 점장이 되어서는 본사 감사팀에 의해 고객 간식 메뉴에 대한 평가를 받아야 했다. 지금은 일괄 배송 시스템으로 운영되고 있지만 14년 전은 간식 메뉴의 질, 다양화, 정성, 준비 과정 등이 평가되는데 늘 간식 메뉴를 고민하고 개발하면서 '이럴 거면 내가 카페에 취직하지' 하고 한숨을 내쉰 적이 많았다.

이 헤어살롱은 언제나 고객 서비스에 대한 새로운 시도를 했다. 그런데 이 시간에 한 경험들은 나의 큰 자산이 되었다. 이로 인해 고객을 만족시킬 수 있는 서비스에 대해 끊임없이 고민하고, 만들어 보는 습관이 생겼다. 그래서 '지금 내가 제일 잘하는 일이 뭐지?'라고 생각할 때 '고객 현장 서비스'라고 자신 있게 말할 수 있게 되었다.

현장 서비스 전문가가 되기 위해서는 고객에게 편안하고 전문가다움이 느껴지도록 서비스해야 한다. 매장의 전체 서비스 능력을 향상시키고 구성원들과 이를 공유하고 싶다면 서비스와 관련된 공부를 할 필요가 있다. 그리고 다양한 분야의 현장 서비스를 꾸준히 경험하여 우리 매장에 맞는 서비스를 만들어내야 한다.

마지막으로, 현장의 구성원을 이끄는 리더가 되고 싶다면 성실함과 책임감 그리고 솔선수범하는 태도가 있어야 한다. 이것을 통해 구성원들이 리더를 따르고, 그들을 통해 성과를 낼 수 있다. 뜸들이는 하루하루가 쌓여 관리자들이 꿈꾸는 리더, 전문가가 되는 것이다. 그리고 이렇게 전문가의 꿈을 꾸는 관리자들은 헤어살롱의 구성원들을 성장시킨다.

2장

영업실적을 올리는 디테일한 관리

나는 왜
관리자의 길을 택했나?

내 학창 시절을 돌이켜보니 헤어살롱 관리자는 필연적인 것 같다. 헤어 봉사 동아리에서 봉사활동을 가면 동기들은 헤어 전공을 살려 커트나 염색 등 주로 헤어 시술을 했는데 나는 늘 할머니, 할아버지들을 시술 순번대로 배정하고 음료 챙겨드리는 역할을 했다. 그때도 나는 순번을 기다리시는 어르신들과 대화를 나누는 것이 더 즐거웠다.

체계적 시스템을 가진 헤어살롱에 첫 입사하다

대학을 졸업하고 첫 입사한 곳은 천안에 본점을 두고 있는 헤어살롱이었다. 내가 입사할 무렵에는 7호점까지 있었는데 지금은 43호점까지 있는 헤어살롱 브랜드로 더 크게 성장했다. 당시에도 이 헤어살롱은 내 고향에서는 본 적 없는 화려한 규모와 체계적인 서비스 시스템이 갖춰진 곳이었다.

나는 첫 출근하던 날, 시골쥐가 서울에 처음 왔을 때 느꼈을 법한 문화적 충격을 받았다. 헤어디자이너들은 화려했고, 관리자들끼리 무전기로 소통하면 마이크를 통해 방송되었다. 이 방송 멘트에 따라 40여 명의 직원들은 일사불란하게 움직였다. 관리자들은 직원들의 표정과 걸음걸이까지 모니터링했다.

나는 파트너 시절 손이 느린 편이라 빨리하라는 말을 많이 들었다. 심지어 고객과 신나게 대화를 하다 보면 어느새 손이 멈춰져 있어서 종종 혼나기도 했다. 딱히 기술적 재능이 뛰어난 것은 아니었지만, 미용 일이 재미있었던 것은 매장과 고객으로부터 신뢰를 받았기 때문이다. 그때도 나는 손끝에서 진심이 느껴진다고 생각했기에 늘 샴푸에 최선을 다했다. 이로 인해 자연스럽게 고객과의 친밀도가 높아졌고, 이를 통해 헤어제품 판매를 잘하고 고객으로부터 팁을 많이 받는 눈에 띄는 파트너가 될 수 있었다.

경력이 쌓이면서 매장에 신입 파트너가 들어오면 잘 적응할 수 있도록 한 달 정도 멘토 역할을 맡았다. 그로 인해 후배들과 가까워져서 좋기도 했지만, 그들에게 계속 신경을 써야 해서 부담이 컸다. 멘토 임무가 계속되자 '도대체 왜 나한테 이러나? 나도 힘들어 죽겠는데……' 싶기도 했다. 이때 청각장애가 있는 후배와 메인으로 한동안 일을 한 적이 있었다. 목소리가 아닌 후배의 입모양을 읽고 의사소통을 해야 했다. 이 경험으로 인해 지금은 매장에서 멀리 떨어져 있는 직원들의 입모양만 보고도 고객과 어떤 대화를 나누는지 귀신같이 읽어내는 실력을 키울 수 있었다.

약한 피부 때문에 헤어디자이너로서 심각한 고민에 빠지다

한 번은 이런 일도 있었다. 그 당시 6개월에 한 번씩 메인 파트너를 바꾸는 제도가 있었는데 나와 친한 라이벌이자 연습 친구들은 모두 원하던 헤어디자이너의 메인 파트너가 되었다. 그런데 나는 '약장공주' 헤어디자이너와 한 팀이 되었다. 약장공주는 파트너들끼리 하는 은어로 틈만 나면 직원실이나 제조실에 가서 쉬는 헤어디자이너를 말한다.

이 헤어디자이너는 헤어 실력이 좋았는데 이상하게 일에 대한 의욕도 없고 고객 욕심도 없었다. 욕심이 많았던 나는 이런 현실에 속이 상해서 기숙사에 가서 펑펑 울었다. 도대체 이것은 무슨 청천 하늘에 날벼락이란 말인가.

그러나 나는 다시 정신을 차리고 고객들에게 최선을 다했다. 얼마 지나 드디어 내 메인 헤어디자이너의 매출이 올라가기 시작했다. 파트너가 헤어디자이너의 매출에 지대한 영향력을 끼친다는 것은 지금 헤어살롱에서도 일어나는 현상이다.

그런데 나의 이런 주가 상승과 더불어 선배들의 시기와 질투로 왕따를 당하기도 했다. 어느 날 내 옆을 지나가던 한 선배는 내 귀에 대고 "재수 없어!"라고 말하고 지나간 적도 있다. 돌이켜보면 선배들과 밖에서 따로 모이는 것을 불편해해서 함께한 적이 없었다. 지금 생각해보면 후배로서 내가 정말 재수 없기는 했을 것 같다.

게다가 그 무렵 나는 '미용을 해야 하나, 말아야 하나'를 고민할 정도로 피부가 약해서 손이 늘 짓물러 있었다. 손은 물론 팔까지도 가렵고, 피가 나고 살이 벗겨져 잠을 제대로 잘 수가 없었다. 그래서 같이 기숙사 생활을 했던 내 동료들은 자다가도 내가 손을 긁는 소리가 나면 손을 때리거나 내 손을 붙잡고 자기도 했다. 그러다 손 상태가 너무 심해지면 매장에서 샴푸를 할 수 없을 지경이었다. 다른 직원들이 배려하는 마음으로 대신 해주기도 했지만, 하루이틀의 문제가 아니라서 늘 동료들에게 미안한 마음으로 지내야 했다.

드디어 롤 모델을 찾고 헤어살롱 관리자로 전향하다

그러던 어느 날 본사에서 본부장님이 오셨고, 개인 면담을 하게 되었다. 면담을 하는 중에 본부장님은 대표님께서 "본부장하고 비슷한 파트너가 있으니 가서 만나봐라"라고 하셔서 누구인지 무척 궁금했다고 했다. 그리고 그때 관리자로 전향하는 것에 대한 제의를 받았다.

미팅하려고 오신 본부장님은 카리스마가 넘쳤고, 자신감 있는 멋진 여성이었다. 그 당시 본부장님은 30대 초반이었는데 월급이 무려 500만 원이 넘는다는 이야기를 듣고 가슴이 뛰었다. 미팅 후에 그랜저를 타고 떠나는 모습이 그렇게 멋져 보일 수가 없었다.

본부장님도 나처럼 미용을 하다가 전향을 하신 경우라 회사에서는 나의 롤 모델이 되었다. 그 헤어살롱은 관리자의 영향력이 컸고,

관리 업무가 체계적으로 시스템화되어 있었다. 성과를 내는 멋진 선배 관리자들을 보면서 미래에 대한 비전을 기대했기에 '헤어 파트'에서 '관리 파트'로 전향하는데 두려움은 없었다.

관리자로 첫 발령받은 매장은 본부장님이 담당하던 매장이었다. 300평 규모의 본점에서 점장님 이하 다섯 명의 관리자가 근무하는 곳이었다. 나는 헤어 경력을 인정받아 관리부 부실장으로 시작했다. 그때부터 지옥의 관리자 훈련이 시작되었다.

당시 그 매장은 고객이 넘쳤고 직원들도 50명이 넘었다. 300평 안에 있는 손님을 기억하는지, 매장 안에 있는 고객이 어떤 헤어디자이너의 고객인지, 어떤 고객의 동반고객인지, 손 마사지는 받았는지, 음료는 왜 고객 앞에 없는지 등 본부장님과 점장님은 무전기로 끊임없이 확인했다. 매월 수천명의 고객을 기억해야 했다. 긴장감으로 보낸 한 달 동안 무려 10킬로그램의 몸무게가 빠졌다. 그렇게 나의 관리자 인생이 시작되었다.

융통성이 없는 스타일이라 시행착오도 많이 겪었지만 폭풍처럼 몰려드는 고객이 썰물처럼 빠진 후 마감 매출을 보면 헤어디자이너로서 내가 개인적으로 올린 매출과 비교해볼 때 비할 수도 없는 희열이 있었다. 이후 나의 20대 시절은 L헤어살롱의 최연소, 최단기 관리 점장을 거쳐 30대를 I헤어살롱의 총괄이사로 마무리했다. 그리고 40대가 된 지금 나는 헤어살롱 현장 전문가로 새로운 도전을 시도하고 있다.

현장 상태와 파트너의 작업 동선을 파악하라

관리자는 매장의 지휘자다

한 매장에 상주 근무한 지 한 달 정도 지났을 때의 일이다. 한 헤어디자이너가 다가오더니 "저, 이사님이 저희 매장에서 매일 일하신다는 소문을 듣고 생각만 해도 숨 막히고 힘들 것 같아서 그만두려고 했어요. 그런데 막상 같이 일을 해보니 매장에 적당한 긴장감이 생겨서 오히려 좋아요"라고 고백했다. 그동안 매장이 바쁜 상황에도 지원이 제대로 이루어지지 않아 스트레스를 받았는데 지금은 전체적으로 지원이 원활해져서 좋은 컨디션으로 고객에게 시술할 수 있다고 했다.

그렇다. 내가 매장에 투입되기 전 매장 직원들이 항상 반가워하는 것은 아니다. 구성원들은 익숙한 환경에 있다가 새로운 변화를 겪는 것에 많은 스트레스를 받기도 한다. 그렇지만 다수의 헤어살롱 매장과 구성원들을 경험하면서 느낀 것은 결국 매장 운영이 원활해지고 성과를 낼 수 있도록 돕게 되면 그들은 나를 믿고 지지해준다는 것이다. 그래서 오히려 스트레스의 긴장감을 활용하여 매장을 재정비할 수 있게 되었다.

이 헤어살롱에 근무하게 된 이유는 매출과 고객 수 하락의 원인을 진단하고 매장을 안정화시키기 위해서였다. 이 매장의 책임관리자는 따뜻한 성품이라는 강점이 있었지만 안타깝게도 헤어살롱 관리자에게 중요한 고객 시술 상황 파악과 적재적소에 인력을 지원하는 능력이 부족했다.

관리자가 현장을 지휘하는 능력이 부족하면 업무 신뢰도가 떨어져 매장에서 리더십을 발휘하기가 어렵다. 그래서 관리자가 능숙하게 지원을 할 수 있으려면 헤어살롱 현장을 읽어내는 훈련이 꼭 필요하다. 나 역시 신입 관리자 시절 지원 업무로 인해 구성원들과 트러블이 많아 비록 매장에서 내색은 하지 않았어도 일을 마치고 집에 가서 매일 울 정도로 힘들었다.

그때 종종 있었던 일은 지원을 요청받고 나서 바로 못 보내는 상황일 경우 내가 "지금 지원 보낼 사람이 없는데요"라고 하면, 구성원들은 한심하다는 표정을 지으면서 "저기 저 파트너 보낼 수 있는데 왜 못 안 보내주세요? 안 보이세요?", "그럴 거면 왜 서 있는 거예요?"라며 대놓고 무시하는 일도 많았다.

그런데 또 본인은 지원을 수시로 요구하면서 정작 지원을 가야 할 때는 핑계를 대거나 튕기기도 했다. 한번은 매번 얄밉게 행동하는 주니어 헤어디자이너에게 화가 나서 "너는 오늘 일 마치고 죽을 줄 알아. 끝나고 기다려!"라고 말했던 미숙했던 시절도 있었다.

관리자가 매장을 제대로 파악하여 필요할 때 진두지휘하게 되면 이런 일은 겪지 않게 된다. 그러기 위해서는 수시로 헤어디자이너마다 시술 중인 고객 수와 시술 사항을 확인해야 한다.

원활한 지원 업무를 위한 포인트 3가지

관리자로서 원활한 지원 업무를 해내기 위해서는 훈련을 받아야 한다. 이때 핵심 훈련 포인트 3가지는 다음과 같다.

전체 헤어디자이너의 고객 수와 시술 상황을 머릿속에 정리하라

예를 들어, 헤어디자이너가 20명일 경우 헤어디자이너별로 A디자이너 펌머 두 명, 커트 한 명, 염색 한 명, B디자이너는 염색 두 명, 마무리 고객 한 명, 이렇게 헤어디자이너 20명의 고객을 다 확인한다. 그리고 구성원들의 동선과 진행 사항을 파악하면서 그들의 움직임에 따라 눈과 귀가 함께 움직여야 한다. 이렇게 되면 상황에 따른 지원 요청에 대해 빠르게 대응할 수 있다.

지원 담당자는 식사 중일 경우에도 무전기를 통해 매장 상황을 들어야 한다. 그 이유는 고객의 입점 상황과 배정, 매장 구성원들의 동선과 시술 상황을 자연스럽게 머릿속으로 파악해야 되기 때문이다. 이것이 훈련이 되면 매장을 보지 않고도 식사 중에도 지원을 보낼 수 있는 능력이 발휘된다.

능숙해지고 나면 관리자가 헤어디자이너의 상황을 파악하고 알아서 지원을 보내줄 수도 있다. 그런 상황은 "실장님, 곧 퍼머 중화할 사람 필요하시죠? 태현 님이 3분 후에 지원 갈 거예요" 하고 먼저 지원을 보내주니 업무 신뢰도가 높아지게 되고, 이후 관리자의 지원 요청에도 호의적인 태도가 된다.

헤어디자이너의 시술과 예약 상황을 미리 파악하라

예를 들어, A헤어디자이너의 고객 상황이 염색 한 명, 퍼머 한 명, 예약 커트 대기 한 명이 있을 때 그는 파트너에게 염색 샴푸를 지시하고 퍼머 고객 시술을 하면서 마음속으로 '염색 샴푸 고객이 나오면 파트너와 손을 바꿔서 마무리를 해야지. 그런 다음 예약 커트 고객을 시술하면 되겠구나!' 하고 시간을 계산한다.

그런데 관리자는 그 상황을 알지 못하고 빨리 해야 하는 급한 커트 고객을 배정하게 되면 이 헤어디자이너는 예약 고객의 시간을 맞춰야 되는 상황에서 당황할 수 있다. 경우에 따라서는 융통성 있게 디자이너가 조율도 가능하지만 이런 상황이 자주 발생할 경우 구성원들과 감정적 마찰로 이어질 수도 있다. 그러므로 배정하기 전에 미리 예약 상황과 팀의 상황을 파악하거나 직접 물어볼 필요가 있다.

구성원들의 식사 여부는 꼭 확인하라

한 헤어디자이너가 "커트 샴푸 한 명 지원 보내주세요"라고 요청

할 경우, 만약 식사 시간이 훨씬 지난 시점이라면 샴푸 지원을 보내려던 파트너의 식사 여부도 꼭 확인해야 한다. 한가한 다른 파트너가 있음에도 불구하고 관리자의 눈에 바로 보이는 대로 미처 식사를 못한 채 바쁘게 일했던 파트너를 이어서 지원을 보내게 되면 의욕이 떨어질 수 있다. 이 파트너는 마음속으로 '염색 방치 시간이 있으니 그 시간에 식사를 하고 나와서 염색 샴푸를 하면 되겠네!'라고 시간 계산을 하기도 한다. 이때가 아니면 뒤이은 예약으로 식사를 못하는 상황이 생길 수 있기 때문이다.

물론 매장의 모든 사람들이 바쁠 경우 관리자는 이 파트너가 샴푸를 먼저 한 후에 식사를 할 수 있도록 하고, 염색 샴푸를 할 다른 파트너를 지원 보내줄 수 있다. 그렇지만 중요한 것은 관리자가 현장 상황을 알고 지원을 보낼 때와 모르고 보낼 때에 따라 구성원들의 업무 효율과 감정 상태가 달라진다는 것을 명심해야 한다.

관리자가 지원을 보내기 전에 구성원들이 서로 도와주는 것을 지향하지만 모든 구성원들이 바쁠 경우에는 본인의 담당 고객 이외에 전체 매장을 보는 시야가 좁아지게 된다. 이때 관리자가 매장 상황을 원활하게 교통정리를 해주게 되면 고객이 편안하고 빠른 시간에 시술을 받을 수 있게 되고, 매장의 업무 효율과 생산성이 높아진다. 헤어살롱의 유능한 관리자가 함께 현장에서 호흡하면서 적재적소에 인력을 지원해줄 수 있다면 매장의 생산성이 올라가 매출 성장은 충분히 가능하다.

매일 한 가지씩 좋은 습관을 선정하여 함께 실천하라

헤어살롱에서는 일정 수준 이상의 기본 서비스를 제공하기 위해 고객 서비스 교육에 중점을 둔다. 고객 서비스는 고객을 맞이하는 순간인 입구에서부터 MOT(Moment of Truth)가 시작된다. 입구에서의 짧은 순간의 서비스 경험이 첫인상을 좌우하기 때문이다.

헤어살롱에서 MOT 매뉴얼은 인사, 자리 안내, 계산, 샴푸 및 시술에 따른 적정한 멘트, 매너, 배웅 등으로 동선에 따라, 상황에 따라 세분화하여 교육하고 있다. 헤어살롱의 기본 서비스에 더해진 '고객 배려 서비스'는 고객을 감동시키는 기본이 된다. 어느 시대를 막론하고 헤어살롱에서 지켜야 하는 기본적인 서비스에 대한 원칙이 있다.

그런데 헤어살롱 서비스의 주체인 사람은 상황에 따라 바뀔 수도 있고, 개인마다 고유한 특성이 있다. 그렇기 때문에 누구나 지킬 수 있는 기본 서비스 제공에 품질 차이가 나지 않도록 시스템을 통일할 필요가 있다. 즉, 구성원들이 디테일한 서비스 매뉴얼을 몸에 익힐 수 있도록 해야 한다.

그 방법으로 '서비스 필수 행동 지침'을 만들어 구성원들이 외울 수 있도록 교육을 진행하고 게임처럼 실행한 적이 있다. '서비스 필수 행동 지침'은 크게 3가지 항목으로 분류했다. 그리고 그것은 다시 각각 총 15가지 서비스 항목으로 세분화 했다. 오!라는 의미에는 항목당 5가지 실천사항을 의미하기도 하고, 서비스를 받는 고객이 "오!" 할 수 있는 감동을 주자는 의미이기도 하다.

'오! 필수' 서비스

서비스 필수 행동 지침 첫 번째는 '헤어 시술 시 지켜야 하는 약속'인 '오! 필수' 서비스이다.

1. 넥 페이퍼 사용: 퍼머 보를 고객의 목에 두르기 전 넥 페이퍼를 한다

고객의 피부에 약제가 닿지 않도록 하고 목 피부의 쾌적한 상태를 위해서 고객의 목에 전용 넥 페이퍼를 두르고 그 위에 퍼머 보를 착용한다. 또한 넥 페이퍼는 커트 시에 머리카락이 목 안쪽으로 들어가는 것을 방지한다.

2. 무릎 덮개 사용: 샴푸 시 담요를 활용하여 고객의 하체를 가려준다.

샴푸대에 누운 모든 남녀 고객에게 계절에 맞는 담요를 사용하여 다리부터 배, 가슴 부분까지 덮어주어 다리나 몸의 긴장감을 해소하여 안정감 있게 샴푸를 받을 수 있도록 한다.

3. 페이스 커버 사용: 샴푸 시 전용 페이스 커버를 얼굴 위에 올린다.

페이스 커버는 얼굴에 물이 튀는 불편함을 예방한다. 페이스 커버를 얼굴에 부착할 때는 물을 묻혀 부착하되 이마에 물을 너무 많이 묻힐 경우 화장이 지워질 수 있고, 반대로 너무 적게 묻힐 경우 고객의 얼굴 위에서 펄럭거려 신경 쓰이게 하거나 떨어질 수 있으니 주의한다.

4. 이어 캡 사용: 염모제나 퍼머제를 도포할 경우 귀에 약제가 묻지 않도록 한다.

퍼머제나 염모제는 피부에 닿지 않아야 하므로 시술 전 이어 캡을 착용한다. 이어 캡을 답답해할 경우 약제 도포가 끝나면 불편 여부를 확인한 후 약액이 얼굴 주변이나 귀에 묻지 않도록 머리카락을 잘 정돈한 후 이어 캡을 벗긴다. 또 이어 캡 착용 전 고무줄 부분이 젖어 있지 않은지, 귀가 큰 고객의 경우 고무줄이 조여 아프지 않은지를 확인한다.

5. 뒷거울 사용: 모든 시술 후 반드시 의자를 돌려 뒷거울을 보여준다.

고객은 시술받은 뒷모습을 궁금해 하지만 직접 요구하는 고객은 많지 않다. 이럴 경우 집에 가서 확인하거나 나가는 길에 화장실에 들러 확인한다. 그러므로 꼭 뒷거울을 보여주어 전체적인 옆, 뒤 스타일을 확인시켜주면 고객은 편안하게 확인할 수 있다. 고객이 만족한 미소를 보일 때가 바로 마무리된 순간이다.

'오! 락' 서비스

서비스 필수 행동 지침 두 번째는 '즐겁게 청소하자'라는 의미인 '오! 락' 서비스이다.

1. 바닥 정돈: 커트 후 바닥 정리 및 고무줄과 파지 등을 줍는다.

고객이 샴푸실로 이동하기 전 잠시 양해를 구하고, 먼저 바닥을 정리한 후 샴푸실로 이동한다. 이때 주변에 동료가 있을 경우 대신 바닥을 정리해준다. 샴푸를 하고 나서 머리카락이 없는 자리에 고객이 착석할 수 있도록 한다.

2. 드라이기 줄 감기: 사용한 드라이기는 줄이 바닥에 늘어지지 않도록 감는다.

매장에 드라이기 줄이 길게 늘어져 있거나 바닥에 방치되지 않도록 한다. 드라이기 줄이 늘어져 있거나 바닥에 방치되면 보기에도 지저분해 보이지만 발에 걸려 위험할 수도 있다.

3. 샴푸실 정돈: 비품 정리정돈, 바닥 청결, 무릎 덮개를 정돈한다.

샴푸실의 물품이나 무릎 덮개, 수건은 사용 후 제자리에 두어 정리된 상태를 유지한다. 이렇게 하면 고객이 샴푸하러 왔을 때 매장에 대한 인상이 좋아지는 이점이 있다.

4. 제조실 정리: 약제나 제품, 시술 도구의 정리정돈, 바닥 청결을 관리한다.

제조실은 구성원들의 출입이 가장 빈번한 장소다. 사용한 제품을 방치할 경우 어수선하고, 다음 사람이 제품을 찾는데 불편을 겪는다. 그리고 사용한 제품들은 반드시 뚜껑을 잘 닫아 정리한다.

5. 직원실 정리: 테이블, 바닥, 의자를 정리한다.

직원실은 식사 및 휴게 시간을 보내는 곳으로 본인이 사용한 자리나 테이블을 정리정돈하고 청결한 상태를 유지한다.

'오! 굿' 서비스

서비스 필수 행동 지침 세 번째는 '바른 자세와 매너를 갖자'는 의미인 '오! 굿' 서비스이다.

1. 짝다리로 서 있지 않기: 매장 안에서 바르게 서 있는다.

장시간 서 있는 시간이 많아 발이 아플 경우 양쪽 다리를 교대로 짝다리로 서 있거나 양발을 바깥쪽으로 지탱하여 삐딱하게 서 있기도 한다. 이럴 경우 발목 인대가 늘어나거나 골반이 틀어지는 자세 불균형 상태가 되므로 바른 자세를 유지한다.

2. 기대서지 않기: 시술의자, 벽, 테이블에 기대서지 않는다.

피곤하더라도 고객을 대기 중이거나 시술과 상담 시 벽에 기대서지 않도록 한다.

3. 걸터앉지 않기: 시술의자의 팔걸이, 테이블에 걸터앉지 않는다.

시술 상담이나 대화할 때 무의식적으로 시술의자의 팔걸이나 테이블에 걸터앉지 않도록 한다.

4. 팔짱끼지 않기: 상담 시 팔짱을 끼지 않는다.

상담이나 고객 대기 시 의외로 습관적으로 팔짱을 낀 채 있는 사람이 많다. 팔짱을 낀 자세는 방어적인 자세로 보여질 수 있으므로 그런 자세를 취하지 않는다.

5. 뛰지 않기: 뛰지 않고 빠른 걸음으로 이동한다.

매장 안에는 많은 사람과 기구들이 있다. 바쁘다고 뛰어다닐 경우 부딪히거나 매장이 어수선하게 느껴질 수 있다. 그러므로 빠른 걸음으로 이동해야 한다.

암기 테스트를 게임하듯 즐긴다

위와 같은 내용으로 교육을 한 후 암기를 다한 구성원들은 일을 하면서 시간이 될 때마다 외운 내용을 순서대로 읊어 테스트를 했다. 그러고 나면 나는 랜덤 질문을 했다. "오! 필수 3번은 뭘까요?" 이에 대한 대답을 하고 설명을 하는 것이다. 이때 잠시라도 대답에 뜸을 들이면 "탈락!"이 되어 퇴근 전까지 다시 테스트를 받아야 했다.

테스트를 진행할 때 만일 외운 내용을 틀리거나 못 외울 경우 모든 구성원들이 "아웃!"이라고 하며 같이 테스트 점검을 했다. 이렇게 하루 종일 게임하듯 즐겁게 진행해 외우는 것이 스트레스가 아니라 매뉴얼을 자연스럽게 익히는 습득 과정이 될 수 있었다.

그러고 나서 테스트 이후에는 매일 한 가지씩 번호를 정해 그날은 약속한 번호의 매뉴얼만 집중적으로 실행했다. 예를 들어 아침 조회를 통해 "오늘은 오! 락 3번 집중데이입니다"라고 안내하고 그날은 다른 사항은 지켜지지 않아도 오! 락 서비스 3번을 집중적으로 체크하고 피드백했다. 그렇게 모든 항목을 실행해본 후 특히 잘 지켜지지 않는 부분을 집중 실행 데이로 정했다. 이렇게 기본적인 서비스를 외우고 실행하고 피드백하면 습관이 된다.

매장의 인원이 적은 경우에도 두 명 이상이라면 고객에게 통일된 기본 서비스가 제공되어야 한다. 고객에게 배려가 깃든 서비스는 고객을 감동시키고 행복하게 하여 저절로 찾아오게 만든다. 다른 헤어살롱에서 경험하지 못한 고객을 배려하는 디테일한 서비스를 통해서 헤어살롱의 성장의 기회를 마련할 수 있다.

사소한 지출의 빈틈을 찾아 수익을 관리하라

헤어살롱의 매출과 순수익은 반드시 비례하는 게 아니기 때문에 지출을 디테일하게 관리하는 시스템을 갖출 필요가 있다. 매월 고정적으로 발생되는 비용을 제외하고 불필요하게 낭비되거나 버려지는 지출을 절감해야 한다. 여러 가지 방법이 있지만 그중 다음 3가지를 관리하면 헤어살롱의 지출을 크게 절감할 수 있다.

시술제품이 남용되지 않게 관리하라

수익이 마이너스인 매장에 투입된 적이 있다. 매장의 지출을 파악하는데 매출에 비해 제품비가 훨씬 높다는 걸 파악했다. 점장 또한 이 부분이 문제라고 생각해 고육책으로 15명의 헤어디자이너들이 각자 제품을 관리할 수 있도록 개인 약장을 마련해준 상태였다. 그렇지만 제품의 남용이 줄어들지도 않고, 헤어디자이너마다 사용하는 시술제품이 다르다 보니 개인 약장에는 지급되어 사용되지 않는 약들이 재고로 남아 있었다. 그야말로 개인 미용실 15개가 운영되는 셈이었다. 또 제품 사용량을 기재하고 있었지만 그에 대한 피드백을 하지 않았기 때문에 무의미한 일이었다.

그래서 구성원들과 논의 후 모든 약장의 약을 수거하여 통합 사용 방식으로 변경했다. 이때 수거한 제품은 반품 및 재고 사용으로 두 달간 제품비 지출이 없게 되었다. 여기서 내가 말하려는 것은 명확한 관리 기준이 있어야 한다는 것이다. 주기적으로 미사용 제품을 호환시키고 시술 품목에 대한 시술 원가를 집계하는 등 관리를 해야 한다는 것이다.

파트너 시절부터 제품 관리를 엄격하게 했던 매장에서 일했을 경우 시술제품의 적정 용량을 쓰는 습관이 몸에 배게 된다. 제품 관리가 엄격한 매장은 고가의 클리닉이나 시술제품을 데스크에서 지급하고 정량 시술이 원칙이기 때문이다. 물론 이런 경우에도 약액을 바르다 부족할 때는 데스크에 다시 요청하면 얼마든지 사용 가능하다.

그런데 부족한 제품을 가지러 이동하는 것이 불편해서 미리 오버된 용량을 가져가게 될 경우 조제한 약액이 남았을 때 버리자니 아깝고, 또 관리자의 눈치가 보이니깐 덧바르게 된다. 이것은 특히 비전문가적 행동이다. 지나치게 도포한 약액은 모발에 전부 흡수되지 않을 뿐만 아니라 오히려 모발 손상을 가중시킬 수 있다.

구성원들이 정량을 도포하는 훈련을 하게 되면 약을 도포할 때도 생각하면서 바르게 된다. 모발 전체의 구획을 나눠 바르고, 약제 볼을 싹싹 긁어 붓에 남은 약액까지 손으로 훑어서 바르게 된다. 좀 더 적극적으로 관리하려면 이렇게 한다. 첫째, 각 매장의 시술별 그램 수를 기재해놓고 저울을 사용한다. 둘째, 조제 오더 시 명확하게 그램 수로 소통한다. 셋째, 샴푸의 경우 노즐 입구가 커서 샴푸양이 많이 나온다면 용기의 노즐을 교체한다. 넷째, 제품 정량 사용 페스티벌을 진행한다. 모발 길이별, 모질별 모델 시술로 정량의 기준을 만드는 것이다. 또한 매장에서 원칙을 만들 때는 구성원들이 직접 원칙을 만들어 실행하는 것이 중요하다.

서비스 음료의 지출을 관리하라

고객이 매장에 입점하여 대기 중일 때 1차로 음료 주문을 받고 음료가 서비스된다. 그런데 음료가 나오자마자 고객이 바로 시술로 이어져 자리를 이동하게 되는 경우가 있다. 이때 고객이 차를 마시는 시간을 기다리는 경우도 있으나 빠른 시술을 원하는 고객은 샴푸실로 바로 이동한다. 이 경우 차를 고객의 자리로 이동하기도 하지만 차가 빨리 식기도 해서 다시 음료 주문을 받는다. 그렇게 되면 처음에 서비스된 음료는 아깝게 버려지게 된다. 이런 이유로 버려지는 차의 지출이 발생한다.

만약 입점과 동시에 차를 한잔 권하는 시스템이라면 웰컴티의 개념으로 매장의 누구라도 고객의 입점과 동시에 주문을 받지 않고 내어주는 '우리 매장만의 시크릿 뷰티차'를 활용할 것을 추천한다.

예를 들어, 검은콩차를 '○○헤어살롱의 시크릿 뷰티차'로 준비하여 고객에게 인식시키는 것이다. 이 차는 미리 우려내어 충분히 일일 사용량을 준비한다. 이것만으로도 버려지는 1차 서비스 음료의 지출이 크게 줄어든다. 또한 구성원들에게 차 한잔의 원가를 공유하게 되면 시술약제와 마찬가지로 커피 한잔이 무심코 버려질 때 돈이 버려지는 것이라고 인식하게 된다.

또 매장마다 구성원들의 복지 차원으로 음료를 자유롭게 마시게 하는 경우도 있다. 그럴 경우 고객 음료와 구성원 음료의 지출은 구분해야 한다. 그래야 고객 1인당 서비스되는 지출을 파악할 수 있고, 고객 서비스 금액을 계획할 수 있게 된다.

수건 사용의 지출을 관리하라

마지막으로, 수건 사용과 관련된 지출 관리 방법이 있다. 리뉴얼 오픈으로 관리했던 매장에서의 일이다. 당시 전 직원이 50여 명 되는 매장에 헤어디자이너는 18명이었다. 월 고객 수가 4,000명 이상의 이 매장에서는 오후가 되면 수건 전쟁이 벌어졌다. 매일 대량으로 준비된 수건이 감당이 안 되어 일하는 중간에 관리자가 빨래방을 다녀와야 하는 인력 낭비와 시간 낭비가 있었다. 아무리 수건을 넉넉히 비치해도 매일 상황은 같았다.

며칠간 관찰해보니 수건 남용이 문제였다. 구성원들이 손을 한 번 씩 닦은 수건이 수거함으로 직행했던 것이다. 한 명의 고객을 샴푸할 때 고객의 어깨에 한 장, 샴푸 후 고객의 머리를 닦는 데 또 한

장 사용 직후 수건통에 넣고, 새 수건을 또 들고 가서 닦는 것이었다. 이렇게 샴푸 전후까지 커트 고객 한 명당 수건이 기본 네 장 이상 쓰였다.

이것은 수건을 더 비치해서 해결될 일이 아니라 구체적인 시스템 개편이 필요했다. 우선 수건의 적정 사용량을 알아야 해서 헤어디자이너들의 일일 고객 수를 확인했다. 그리고 커트 고객 한 명당 두 장씩을 기준으로 하여 아침조회 후 일일 사용량을 헤어디자이너마다 다르게 지급했다.

물론 수건이 부족한 경우는 얼마든지 더 지급하기로 하고 당일 고객 수에 비해 수건이 남을 경우 반납하는 시스템으로 사용량에 대해 한 달 동안 체크해보기로 했다. 그런데 이 방법을 실시하고 며칠이 지나자 구성원들에게서 수건 사용 노하우가 나오게 되고, 나중에는 서로 수건이 남았다면서 뿌듯해하면서 자랑하고, 오히려 경쟁하듯 수건을 남겨 반납하려는 예상치 못한 일이 벌어졌다.

구성원들은 일하는 중간에 남은 수건 개수를 확인하면서 일했고, 당연하게 수건 수건함에서 덜 젖은 수건을 찾아서 손을 닦았다. 이 방법에 익숙해지는 며칠간은 힘들어했으나 관리팀에서 그들의 노력에 감사를 표현했고, 매일 우리가 얼마나 수건을 절감하고 있는가를 보여주었더니 '수건 오남용 관리 시스템'을 즐기게 되었다.

이 방법으로 추가 발생되는 세탁비와 세탁할수록 마모되는 수건, 인력 낭비를 줄일 수 있었다. 무엇보다 주말에도 수건 전쟁이 사라졌다는 것이 획기적인 사실이었다.

내 고객의 홈 케어와 홈 스타일링은 내가 설계해준다

고객에게 홈 케어를 추천하지 않는 것은 직무 유기다

강사인 지인들과의 만남에서 자연스럽게 헤어스타일에 관한 내용이 화두가 되었다. 그들은 '어떻게 커트를 해야 할까?'에 대해 고민하면서 자연스럽게 나에게 헤어스타일에 대해 묻기 시작했다.

그런데 나는 헤어스타일보다 그녀들의 모발 상태 개선이 더 시급해보여 "강사님들은 청중들에게 어떤 이미지로 보이기를 원하세요?"라고 질문했다. 그러자 50대 한 여성 강사분이 "세련되고 고급스러운 이미지로 보이고 싶어요"라고 대답했다.

실제로 그분은 지적이고 우아한 스타일이었다. 하지만 한 가지 아쉬운 점은 모발이 푸석푸석하고 정돈되지 않은 머릿결이었다. 이어서 나는 "명품 가방을 들고 비싼 옷을 입는 것보다 사람을 더 고급스럽고 부티 나게 하는 방법이 있어요. 그것은 어떤 걸까요?"라고 물었더니, 한 분이 "피부?"라는 대답을 했다.

"맞아요. 피부의 화사한 광채, 그리고 윤기 나는 머릿결에서 건강한 아름다움이 표현되지요. 요즘은 고객들도 모발이 건조하고 부스스하면 얼굴까지 푸석거려 보인다고 하거든요. 강사님은 피부가 맑고 화사하세요. 그런데 새치염색을 주기적으로 하고, 붕 뜨는 모발이니깐 모발을 조금만 신경 써서 관리하시면 윤기가 나면서 훨씬 고급스러운 이미지로 보일 것 같아요"라고 말했다. "그럼 어떻게 해야 하죠?"라고 묻기에 "트리트먼트를 얼마나 자주 하세요?"라는 나의 질문에 "트리트먼트도 안 하고, 린스도 안 하는데요. 왜 내가 다니는 미용실에서는 한 번도 그런 말을 해주지 않았지?"라는 것이었다.

나는 그녀의 모발에 맞는 최적의 트리트먼트 제품이 떠올라서 권해주고 싶었지만 그 정도까지만 이야기했다. 다음 모임 때 그분은 "그날 집으로 돌아가는 길에 트리트먼트를 사서 매일 쓰고 있어요. 확실히 부스스함이 덜하고 부드러워져서 좋아요"라고 했다. 어쩐지 평소보다 한결 차분해진 머릿결이었다. 흡족해하는 그녀를 보면서 '도대체 담당 헤어디자이너는 누구일까? 진짜 한 번도 제안하지 않았을까?' 하는 안타까운 마음이 들었다.

고객은 헤어디자이너의 신뢰를 구매한다

내가 매장에서 근무할 때 나에게 제품 판매에 관해 도움을 요청하던 헤어디자이너가 있었다. 본인은 제품을 사용하지만 설명을 잘하는 게 어렵다는 이유에서였다. 그럴 때마다 나는 그녀의 고객에게 제품을 설명했고, 고객은 제품을 구입했다. 그런데 이렇게 제품 판매로 이어진 것은 내가 설명을 잘해서라기보다는 담당 헤어디자이너가 그동안 고객과 쌓은 신뢰가 컸기 때문이라고 생각한다. 이처럼 고객과 신뢰관계가 있는 헤어디자이너가 제품을 소개한다면 구매율이 훨씬 높아지고, 점판의 기회가 확대된다.

고객들은 제품을 사용하고 싶지 않아서가 아니라 추천받지 못해서 구매하지 않았던 경우도 많다. 나는 제품 판매 도움을 요청했던 헤어디자이너가 고객에게 직접 제품을 추천할 수 있도록 제품을 설명할 때 옆에서 듣도록 제안했다. 설명을 듣고 따라해보는 것은 본인의 제품 판매 노하우를 만드는데 도움이 된다. 그리고 노하우를 만들기 위해서는 다음과 같은 개인적인 노력도 필요하다.

모발과 두피 이론 지식을 주기적으로 공부하라

헤어살롱의 구성원들은 학교와 헤어살롱에서 모발생리학 및 피부, 두피 등에 대한 교과과정을 이수한다. 기술을 손으로 매일 익히는 것처럼, 지식도 입으로 매일 꾸준히 말해야 한다. 지식은 머릿속에 쌓아두고 말로 표현하지 않으면 금방 잊어버린다.

그리고 환경오염과 기술의 발전으로 신제품이 계속 출시되고 있다. 신제품에 대한 공부를 게을리 하면 제품에 대한 특징과 정보를 공유할 수가 없다. 공부하지 않으면 고객의 문제성 두피와 모발을 보고도 대응하기 어려워 못 본 척하게 된다. 실제로 문제성 두피를 가진 고객의 지식이 오히려 헤어디자이너보다 높은 수준일 때가 있다. 그러므로 꾸준한 연구와 지식이 있어야 자신 있게 고객을 리드할 수 있다.

고객의 라이프스타일에 관심을 갖고 질문하라

고객에게 어떤 제품을 사용하는지, 어디에서 구매했는지를 질문해야 한다. 고객이 중요하게 생각하고 애용하는 제품이라면 어떤 브랜드인지 고객 스스로 잘 알고 있다. 이 질문을 통해서 고객의 모발이나 두피에 대한 관심도를 알 수 있다. 또 현재 두피나 모발에 맞는 제품을 사용하는지 확인할 수도 있다. 고객들은 대부분 온 가족이 한 가지 제품을 같이 사용한다. 10대부터 60대까지 다양한 연령층인데 말이다. 연령에 따라 두피 상태나 호르몬의 변화가 다르므로 샴푸를 따로 쓰기를 권장해야 한다.

고객이 샴푸를 아침과 저녁 중 언제 하는지에 따라 조언 내용이 달라진다. 저녁에 샴푸를 하고 두피를 제대로 말리지 않고 자면 두피에 세균이 생긴다는 언급과 함께 샴푸하는 자세에 따라 덜 헹궈지는 부분이 있다고 설명하면 고객들이 귀를 기울인다. 샴푸를 서서 할 경우 목 뒷부분에 샤워기를 넣어서 더 헹궈주고, 앉아서 고개를 숙여 샴푸할 경우는 정수리를 한 번 더 헹구도록 조언해야 한다.

제품의 사용법, 사용량, 효과를 설명하라

헤어살롱 전문제품은 일반제품에 비해 3분의 1 정도만 사용해도 효과와 발림성이 뛰어나다. 그래서 샴푸나 에센스는 한 번 구입하면 최소 3개월 이상 사용한다. 전문제품을 사용하면 모발 표면에 부드러운 질감뿐만 아니라 모발 내부를 단백질로 채워주어 탄력이 생긴다.

시술 마무리 과정에서 고객의 손에 제품을 쥐어주고 사용하는 양과 바르는 방법을 가르쳐준다. 이럴 경우 고객이 습관적으로 헤어제품을 모발의 어느 부위에 먼저 바르는지를 볼 수 있다. 제품을 한 번에 많은 양을 짤 경우 모발의 길이나 숱에 따라 나눠서 바르도록 제안하고, 에센스도 손상모 부분을 먼저 바르고 남은 것으로 건강모 부분을 바르도록 제안한다. 샴푸 후 모발을 말리기 전 바르는 제품도 모질이나 손상도에 따라 기능성 제품을 선택해야 효과적으로 관리할 수 있다는 사실과, 헤어제품도 날씨, 계절에 따라 번갈아가며 사용할 수 있도록 헤어제품 컨설팅도 해줄 필요가 있다.

헤어디자이너 중에 시술 마무리 시 제품을 바를 때 전문제품을 사용하면서도 종종 트레이에 숨겨 놓고 바르는 경우가 있다. '숨겨 바른다는 것'은 지금 발라주는 제품을 고객에게 소개하지 않고 제품만 손에 덜어 쓰는 상황을 말한다. 헤어제품을 고객에게 소개하고 향을 맡아보게 하고 어떤 효과가 있는지에 대해 말을 해야 고객이 가치를 충분히 느낄 수 있다.

특히 왁스나 스프레이의 경우 고객이 집에 가서 샴푸를 할 때 일반제품과 헹굼에서 차이점을 확인할 수 있도록 미리 설명해야 한다. 설명을 듣고 난 고객은 샴푸할 때 이 내용을 떠올리며 일반제품과 비교하게 된다.

제품을 판매할 때도 본인만의 차별화가 필요하다. 담당 헤어디자이너의 얼굴 스티커나 이름을 붙여주고, 제품 표면에 구매 날짜와 사용기한을 기재해주자. 이것은 헤어디자이너가 책임지고 관리해준다는 의미이기도 하다. 고객이 아무리 좋은 제품을 구매했어도 매일 사용하지 않거나 방치해둔다면 진정한 홈 케어 설계가 아니다. 그래서 고객이 제품을 사용해본 후 마음에 들지 않을 경우에는 다시 가져와도 좋다고 말하라. 마지못해 샀을 경우 그 제품을 보면서 계속 후회할 것이기 때문이다.

간혹 고객이 제품 구매를 망설일 때 나는 내가 사용하는 제품을 덜어주기도 했다. 제품 판매가 목적이 아니라, 제대로 된 홈 케어나 홈 스타일링 제품을 사용하지 않으면 시술한 헤어스타일 연출이 안 될 수도 있기 때문이었다. 그럴 때는 고객에게 "제 작품의 홍보대사로 다니실 때 머리 예쁘다, 머릿결이 좋아졌다는 말은 들으셔야죠. 써보시고 괜찮으시면 다음에 구입해보세요"라고 말하며 제품을 드렸다.

일부 헤어디자이너는 헤어제품을 제안하는 것이 장사꾼 같다는 생각을 한다. 그렇다. 강매를 하거나 충분한 지식과 정보 없이 판매만 하려고 하는 것은 장사꾼이다. 하지만 장사꾼이라고 보여질까봐 두려워서 '헤어 전문가'임을 스스로 포기해서는 안 된다. 만약 거절에 대한 두려움과 민망함 때문에 제안하기를 망설인다면 고객의 거절에 대해서는 담담하게 '지금 구매할 의사가 없다'는 정도로 인식하면 된다. 고객은 '나' 자체를 거절한 것이 아니다. 그럴 때는 "다음에 필요하실 때 말씀해주세요"라고 하면 된다.

헤어살롱 밖에서도 고객 스스로 스타일을 재현하고 연출할 수 있도록 우수한 제품을 만났을 때 고객에게 빨리 소개하고 싶은 설렘을 갖는 것이 고객에 대한 진정한 책임감이다.

앞머리 커트 손님은 언제나 앞머리만 하지 않는다

앞머리는 자존심이다

고등학생 때 가수 엄정화의 노래와 함께 '클레오파트라 앞머리'가 유행이었다. 어느 날 나도 클레오파트라 앞머리를 하고 학교에 갔는데 고등학교 3년 내내 짝사랑했던 총각 선생님이 평생 잊지 못할 비수를 꽂는 한마디를 던졌다. "지현이는 앞머리 땜에 얼굴 망했네." 그 이후로 나는 꽤 오랫동안 앞머리를 자르지 않았다.

앞머리가 여성 고객에게 얼마나 중요한지를 요즘 일상에서 실감하고 있다. 아침 출근길이나 저녁 시간 지하철 안에서 앞머리에 헤어롤을 말고 있는 여성들을 종종 볼 수 있다. 또 커피숍에서 책을 보거나 공부하는 여성들 중에도 앞머리에 헤어롤을 말고 있는 모습을 볼 수 있다.

이런 고객들의 마음을 잘 들을 있는 곳이 삼삼오오 모여 대화를 나누는 카페다. 특히 미용실 이야기는 내 귀에 더 잘 들리기에 귀를 쫑긋 세우고 듣게 된다. 30대 초반으로 보이는 여성 두 명이 앉아 있고, 친구로 보이는 한 명이 걸어들어왔다.

두 명의 여성은 친구가 앉기도 전에 "어머 앞머리 커트 했네", "잘 어울려", "어려보이네" 등 앞머리 이야기로 한 20분쯤 이야기를 계속했다. 나는 속으로 그녀가 '앞머리를 자르기까지 자를까 말까? 어떤 스타일로 자를지를 얼마나 고민했을까?'라고 생각해봤다. 사실 앞머리는 쉽게 자를 것 같지만 전체적인 이미지를 좌우하기 때문에 가장 큰 고민을 한다. 그만큼 여성 고객들에게 중요한 뷰티 포인트이다.

헤어살롱에서도 앞머리 커트 고객은 소중하고 중요하다. 헤어살롱마다 앞머리 커트 요금이 다르게 책정되어 있다. 일부 헤어살롱에서는 신규고객에게 헤어살롱을 경험하게 하거나 기존 고객의 재방문을 위해 마케팅 방법으로 앞머리 커트를 무료로 서비스한다. 앞머리 커트 금액을 받느냐 무료로 하느냐가 중요한 것이 아니다. 앞머리 커트 고객을 어떻게 대하느냐에 따라 재방문고객과 소개고객으로 이어진다는 사실을 중요하게 생각해야 한다.

앞머리 커트도 내가 아니면 안 되는 이유를 만들어라

내가 신입 헤어디자이너 때 겪은 일이다. 신입들은 주로 앞머리 커트 손님을 만날 기회가 많다. 나는 앞머리 커트 고객을 맞이하면 이렇게 물어보았다.

"고객님, 지금까지 앞머리를 커트하는데 시간이 얼마나 걸리셨어요?" 대개는 머뭇거리거나 생각을 한다. 그때 나는 "아마 3분에서 5분 정도 걸리셨을 거예요. 그런데 오늘 고객님 앞머리 커트를 하는데 15분 정도 소요될 거예요. 앞머리는 얼굴 전체 이미지의 80% 이상을 차지할 만큼 중요하거든요. 오늘 고객님은 지금까지 앞머리 자른 시간 중에 가장 긴 시간을 경험하실 거예요"라고 말하면 고객은 수긍한다.

이렇게 고객에게 미리 시간에 대한 이야기를 한 이유는, 사실 나는 신입이라 앞머리도 커트 시간이 오래 걸렸다. 양쪽 길이를 맞추는데 자꾸 한쪽 길이가 다르거나 모양을 디자인하는데 시간이 더 필요했다. 또 앞머리 커트 고객과 함께 거울을 통해 얼굴을 보면서 현재 앞머리 모습에 대한 설명을 해주고 내가 커트할 모양에 대해 설명해주었다.

"고객님의 계란형 얼굴의 장점을 살려드릴게요. 앞머리 폭을 너무 넓게 자르면 자칫 얼굴이 커 보일 수가 있어요. 양쪽 눈썹 앞부분 정도의 폭으로 자르고 점점 길어지는 형태로 얼굴 옆 광대 부분을 보완하는 앞머리 성형 커트로 해드릴게요." 이때 "우리가 옆 광대가 발달되어 있어서"라고 나와 같은 얼굴형일 때는 동일한 표현을 써서 공감대를 만든다.

또 고객들에게 즐거움과 처음 만난 낯설음을 줄이기 위해서 "오늘 앞머리는 연예인 누구 스타일로 해드릴까요? '소녀시대' 윤아로 만들어드릴까요?"라고 하면 고객은 웃게 된다. 이렇게 만난 앞머리 커트 고객들은 나의 팬이 되고, 이들은 곧 앞머리뿐만 아니라 자연스럽게 앞으로의 헤어스타일을 상담하고, 다음번에는 염색이나 퍼머를 하러 온다.

오늘 앞머리만 커트하려고 왔던 고객도 그 자리에서 상담을 통해 내가 제안하는 시술을 할 수 있다. 관점을 달리 말하는 이 방법과 앞머리 고객도 소홀히 대하지 않는 시술로 고객들은 내가 없을 때도 나보다 실력이 훨씬 좋은 다른 헤어디자이너들에게 시술을 받지 않았다.

부분 시술 고객에게 전체 디자인을 계획하고 설명하라

앞머리 커트 고객을 상담할 때 절대 앞머리만 자를 거라고 단정 짓지 않도록 하자. 전체적인 헤어스타일을 계획하고 상담하여 이미지를 만들어갈 수 있는 상담을 꼭 해야 한다. 최상의 스타일을 유지할 수 있는 앞머리 퍼머나 전체적으로 어우러지게 페이스 라인 퍼머를 제안하여 아침마다 손질 시간을 줄여줄 수 있는 방법을 설명할 필요가 있다.

또 시간이 충분하다면 앞머리 커트 고객에게 수분 트리트먼트를 서비스해줄 수 있다. "오늘은 때마침 제가 시간이 충분해서 수분 트리트먼트를 선물해드리고 싶다"고 말하면 다음번에 '오늘은 왜 안 해주지?'라고 서운하게 생각할 수 있는 것도 예방할 수 있다. 이때 고객과 다음 시술에 대한 상담 시간도 충분히 확보할 수 있다. 고객이 없을 때 무료로 쿠폰을 돌리기도 하는데 지금 나한테 와서 앉아 있는 고객에게 투자하는 것은 반드시 해야 할 일이다.

모든 헤어 시술에는 아름다움의 유통기한이 있다. 펌머가 가장 아름답게 유지될 수 있는 기간, 보브 컷의 깔끔한 라인이 딱 예쁜 기간, 앞머리가 점점 길어져 형태가 흐트러지거나 눈을 찔러 내릴 수 없어 옆으로 보내야 하는 그 시점. 그것이 아름다움의 유통기한이다.

그때 고객님께 알림을 설정해놓고 문자를 보내자. 이렇게 말이다. "고객님, 예쁜 앞머리 스타일 유지가 점점 어려워지시죠? 시간 되실 때 매장에 들러주세요." 이 문자 한 통으로 앞머리는 '아무데서나 잘라도 된다', '어디나 가도 된다', '공짜로 해줘서 미안해서 못 가겠다'고 생각하는 고객의 발길을 우리 헤어살롱으로 되돌릴 수 있다.

그들은 언제나 앞머리만 시술받지 않는다. 그리고 성의 있게 응대한 이 고객의 지인들도 고객이 될 수 있다는 사실을 명심하자. 새로 입사한 헤어디자이너가 앞머리 커트 고객이 있으면 본인에게 배정해주면 좋겠다는 의사를 표현한 적이 있다. 그 헤어디자이너는 앞머리 커트 고객을 본인 고객으로 다 만들 수 있다는 자신감이 있었다. 반면에 왜 자신에게 앞머리 커트 고객만 배정해주냐고 불만을 가지는 헤어디자이너도 있다. 과연 이들의 미래는 어떨까? 앞머리 고객을 소홀히 대하지 않는 헤어디자이너에게 고객이 넘치는 미래가 기다리고 있다.

셀프 염색과 헤어살롱 염색 간의 차이점을 강하게 어필하라

고향집에 내려가면 우리 엄마는 "염색할 때 됐는데 마침 잘됐다. 앞에 보이는 데만 혼자 몇 번 했더니 뒤쪽이 얼마나 간지러운지 모르겠어"라면서 홈쇼핑에서 구매한 신상품 염색약을 들고 나오신다.

"어쩐지 붉은빛이 도는 염색약으로 앞머리만 염색하셔서 엄마 머리가 단풍 들기 시작하는 내장산 같더라니" 하고는, 매번 다르게 들고 나오는 염색약을 보면서 "엄마, 제발 미용실 가서 염색하세요" 라고 말해도 소용이 없다.

"자고 나면 앞머리가 허연데 그때마다 어떻게 미용실을 가느냐?" 라며 "지난번에 주문한 염색약은 색이 금방 빠져서 못 쓰겠더라"라고 말하거나, "이번 염색약은 냄새도 안 나고 괜찮은 거 같다"는 평가를 하신다.

홈쇼핑 신상 염색약들이 목욕탕 선반에 종류별, 컬러별로 가득하다. "홈쇼핑 제품은 한번 구매하면 1년은 족히 사용할 양의 패키지 구성인데 어떻게 집에 갈 때마다 신상품이 있지?"라고 물었더니 친구분들과 나눠 쓰신단다.

나는 마지못해 염색을 해드린 후 샴푸하고 나온 엄마의 모발을 드라이로 말리고 보니 금방이라도 부서질 듯하다. "엄마, 지난번보다 머리카락이 더 상했네. 말리기만 하면 사자 머리 같아서 밖에 못 나가겠네"라고 말했지만 속으로 엄마의 모발 상태가 너무 안좋아서 속상한 마음이 들었다.

셀프 염색과 전문가 염색의 차이점 3가지

홈쇼핑 염모제나 드러그스토어 염모제의 품질이 무조건 좋지 않다고 말하는 게 아니다. 염모제에 트리트먼트도 함유되어 있고, 심지어 청담동 헤어살롱에서 연예인의 머리를 직접 해주는 헤어디자이너들이 나와서 방송을 하니 더욱 신뢰가 간다. 더군다나 유명 연예인들도 이 제품으로 염색을 한다고 광고하니 이 얼마나 매력적인 유혹인가?

과거에는 흰머리 염색은 밝은 컬러를 즐길 수 없었는데 요즘은 컬러의 발색력도 뛰어나다. 제품을 섞어 흔들기만 하면 되고 발림성도 좋다. 손으로 쓱쓱 몇 번 문지르거나 빗으로 빗어주면 된다. 전체 염색을 해도 얼룩도 거의 생기지 않는다.

이처럼 완벽한 것 같은데 나는 왜 어머니에게 헤어살롱에서 염색을 해야 한다고 권유할까? 다음 세 가지 이유 때문이다.

홈쇼핑 속 헤어디자이너는 고객의 모발을 진단해주지 않는다

전문가인 헤어디자이너의 상담과 모발 진단이라는 과정 없이 비전문가인 고객 스스로 판단하여 마음에 드는 염색 컬러를 선택한다. 비전문가인 고객은 뿌리염색만 할 경우 집에서 염모제를 바를 때 새로 자란 신생부와 이전 시술된 기염부 간의 경계를 정확히 구분하여 바를 수 없다. 그래서 이 경계가 오버랩되어 발라지게 되고, 오버랩된 부분은 손상이 가중될 수밖에 없다.

셀프 염색약은 산화제의 파워를 조절할 수 없다

홈 케어 염색제는 가장 염색이 되지 않는 모발을 기준으로 두고 발색되도록 만들어진다.

일반적으로 홈 케어의 산화제는 6%를 사용하기 때문에 발색력은 좋으나 모발 시술 목적에 따라 산화제를 자유롭게 선택할 수 없다.

그에 비해 헤어살롱에서는 헤어디자이너와 상의 후 희망 레벨에 따라 3%, 6%, 9%의 산화제 파워를 조절하여 사용할 수 있다. 이것은 불필요한 탈색으로 모발이 손상되는 것을 줄일 수 있다. 그리고 퇴색된 모발에 전체 염색이 필요한 경우 상담을 통해 모발이 손상되지 않는 컬러제품으로 시술하여 손상 없이 윤기가 부여되는 컬러 메뉴를 선택할 수 있다.

셀프 염색 후 샴푸 시 염색약이 눈에 들어갈 위험이 크다

나는 30대 초반부터 페이스 라인 새치커버 염색을 하기 시작했다. 새치는 우리 엄마가 물려주신 유전이자 유산이다. 그래서 2주에 한 번씩 미용실에서 염색을 하기 때문에 집에서 샴푸할 일이 없었다.

그런데 엄마의 염색을 집에서 해드린 날 남은 염색약이 있어서 나도 나의 페이스 라인 흰머리에 발랐다. 이후 샴푸를 하면서 최대한 염색약이 얼굴에 흐르지 않도록 고개를 푹 숙여서 샴푸했다. 그런데도 헹구는 과정에서 자꾸 눈에 물이 들어가게 되었다.

그래서일까 머리를 다 감고 났더니 두 눈이 빨갛게 충혈되고 눈꺼풀 주위가 끈적끈적해져서 몇 시간 동안 눈 뜨는데 불편했다.

헤어살롱에 오는 고객들은 가끔 이런 질문을 한다.

"염색을 자주 하면 눈이 나빠지나요?"

이때마다 이렇게 대답했다.

"염색을 자주 하면 눈이 나빠진다는 연구결과는 없어요. 다만 염색제 안에 있는 암모니아 성분이 날아가면서 일시적으로 눈이 시릴 수 있기 때문에 염색약을 도포할 때 눈을 감고 있으시면 돼요. 그런데 집에서 염색약을 바르고 샴푸할 때 헹구는 과정에서 눈에 들어간다면 영향을 끼칠 수 있으니 반드시 주의하셔야 해요. 헤어살롱에서는 염색 후 누워서 샴푸를 받기 때문에 그런 염려는 안 하셔도 됩니다."

그런데 내가 직접 샴푸를 하면서 겪어보니 정말 심각한 문제였다. 우리 엄마는 매월 한두 번씩은 집에서 염색 샴푸를 하고 있기 때문이다.

'명품 염색 테크닉'을 연구하라

여기서 내가 전하고자 하는 내용은 홈 케어 염색약은 '좋지 않아요'가 아니다. 셀프 염색은 염색 시간을 정확히 지키기 어려워 모발 손상의 요인이 된다. 그리고 셀프 염색을 하면 두피 전체까지 염색약을 바르게 되어 두피를 건조하게 만들고 손상을 입힌다. 만일 고객이 셀프 염색과 헤어살롱 염색 간에 차이를 느끼지 못한다면 고객이 굳이 비싸게 헤어살롱에서 염색할 이유가 없는 것이다.

그러므로 '명품 염색 테크닉'이 필요하다. 염색약을 바르기 전에 두피보호제를 필수로 도포해야 한다. 그리고 최대한 두피에 닿지 않게 바르려는 섬세함이 필요하다. 고객들은 "흰머리가 계속 자라는데 매번 미용실에 오기가 부담스러워서……"라고 한다. 헤어살롱에서는 고객의 이러한 의견을 바탕으로 부담 없이 염색을 하러 자주 올 수 있게 하는 메뉴를 개발해야 한다.

헤어살롱에서 판매하는 것은 염색약이 아니다. 우리는 고객이 더 건강한 아름다움을 즐길 수 있도록 제안하는 전문가이다. 기술적, 서비스적인 디테일함이 필요하다. 고객과의 적극적인 소통을 통해 셀프 컬러보다 헤어살롱의 컬러를 즐길 수 있는 빈도와 기회를 확대하는 것이 매출을 올리는 역할을 할 것이다.

매월 영업성과 브리핑을 통해 시상하고 공유하라

헤어살롱의 리더는 구성원들과 매월 영업실적을 공유할 필요가 있다. 매장의 성과는 모든 구성원들이 같이 이뤄낸 결과이기 때문이다. 이를 통해 구성원들은 매장 운영에 관심을 가지게 된다.

내가 매장의 '손익분기점이 얼마인지'를 공유하는 이유는 헤어살롱을 운영하는 것을 목표로 하는 구성원들이 많기 때문이다. 그래서 구성원들에게 매장에서 일어나는 상황이나 매장을 경영자의 관점으로 볼 수 있도록 설명한다.

재무적으로는 매출, 지출, 손익을 공개한다. 단순히 '이번 달 매출이 높아서 돈을 벌었겠다'가 아니라 '얼마를 벌어서 얼마를 쓰고 얼마가 남았는지, 부족한지'를 전체 헤어살롱의 구성원이 아는 것이 중요하다.

만약 지출 부분이 증가된 경우에도 이를 헤어살롱의 구성원들과 공유하면 단순히 '제품을 아끼자. 비품을 아끼자'가 관리자의 잔소리로 그치는 것이 아니라 왜 아껴야 하는지, 무엇을 남용했는지에 대해 책임의식을 가질 수 있게 된다. 이것은 구성원들과 꿈을 같이 공유하는 것이라고 생각한다. 이러한 공유는 '매장 경영회의'를 통해 진행된다.

매장 경영회의 순서를 프로그램화하라

리더는 월말 영업성과와 목표 매출을 설정한다. 마감일 직후 주말은 매장 전체 미팅이 진행된다. 매장 경영회의 진행 전까지 리더가 해야 할 일은 헤어디자이너와 일대일 개인 미팅을 통해 당월 매장 전체 목표를 계획한다. 이때 개인 미팅은 전월 성과 분석과 당월 목표 매출 설정과 상담으로 진행된다. 개인 미팅으로 목표 매출을 설정하여 경영 회의 시 전체 구성원에게 브리핑된다.

매장 경영회의 진행 프로그램은 크게 재무, 서비스, 성과 시상으로 구분한다.

경영회의 순서는 1. 전월 실적 발표, 2. 당월 목표 매출 발표, 3. 서비스 집중사항 발표, 4. 개인 집중 서비스 발표, 5. 이달의 이벤트 발표, 6. 전월 성과 시상식 순서로 마무리된다.

첫째, 전월 실적 발표 때는 1. 전월 매출 실적 발표, 2. 목표 매출 대비 증감 분석, 3. 전월 제품 판매 실적 발표 & 매출 대비 제품 판매율 & 고객 수 대비 구매율, 4. 총 고객 수 현황, 5. 시술 메뉴 구성

헤어살롱 경영회의 순서

1. 전월 실적 발표
2. 당월 목표 매출 발표
3. 서비스 집중사항 발표
4. 개인 집중 서비스 발표
5. 이달의 이벤트 발표
6. 전월 성과 시상식 순서

비율, 6. 손익 관련 사항을 발표한다. 이러한 결과를 집계할 때 컴퓨터가 집계한 내용을 출력해서 데이터를 보는 것과 직접 손으로 숫자를 써서 보는 것은 체감도가 크게 다르다.

둘째, 당월 목표 발표 때는 1. 당월 목표 매출, 2. 당월 제품 판매 목표 매출을 발표한다.

셋째, 서비스 집중사항 발표 때는 '이달의 매장 집중 서비스'에 대해 설명한다. 예를 들어 집중 서비스가 동반고객을 포함한 전 고객 '눈썹 정리 서비스'이면 세부사항은 개인별 눈썹 도구 준비 사항 안내, 도구 점검일, 고객 안내 멘트, 바쁠 경우 지원 요청 등을 안내한다.

넷째, 헤어디자이너 개인 서비스 집중 사항을 발표한다. 매장에서 진행되는 공통 집중 서비스 이외에 헤어디자이너 개인 또는 팀별로 각자 고객 서비스를 준비한다. 예를 들어 개인 간식, 차, 손난로, 아로마 오일, 핸드 마스크팩, 페이스 마스크팩, 두피 아이스샷 서비스, 예약 고객 감성 맞이(계절에 맞는 고객 서비스) 등을 스스로 발표한다. 이 부분의 발표 시간을 갖는 이유는 개인 서비스력이 높은 사람은 알아서 서비스를 진행하지만 서비스력이 약한 구성원들은 매장 공통 서비스에만 의존하기 때문이다. 스스로 아이디어를 내고 전체 구성원에게 발표함으로써 참여를 높이는 것은 고객 만족으로 연결되어 헤어디자이너의 매출 상승과 직결된다.

다섯째, 이달의 이벤트 사항을 발표한다. 예를 들어 소개고객 이벤트, 신상품 메뉴 제안 이벤트, 베스트 서포터 이벤트 등이다.

매월 성과를 시상하고 축하하라

마지막으로 매장 경영회의의 하이라이트는 '성과 시상식'이다. 성과 시상식은 한 달간 각 부문에서 성과를 낸 구성원들의 노력에 서로 박수쳐주며 상장과 선물을 주는 시간이다.

시상의 종류로는 '매출 부문 1·2·3위', '점판 부문 1·2·3위', '목표 매출 달성 대상', '지명고객 수 대상', '이달의 이벤트 대상' 등이 있다. 이외에도 구성원들의 이벤트 시상은 '스마일 대상', '디자이너가 뽑은 베스트 파트너상', 전 직원의 투표로 '베스트 서포트상' 등이 있다.

부문별 시상은 개근상(성실상)이다. 직장에서 '무슨 개근상'을 주냐고 생각할 수도 있다. 학교에서 개근상이 주는 의미가 크듯이 성실함은 사회생활에서도 이어져야 한다는 의미이다. 개근상은 많은 구성원들이 받을 수 있다는 장점이 있다.

성과 시상은 각 부문별 상장명과 위트 있는 내용으로 서술하는 것도 좋다. 시상을 할 때는 상장을 달랑 종이 한 장으로 주지 말고

2,000~3,000원 정도의 액자에 상장을 넣어서 준다. 시상식과 상장이 가치가 느껴지도록 시상식에 형식을 갖추고, 시상 분위기는 재미 요소를 집어넣어 즐겁게 구성한다.

예를 들어 미스코리아 시상식처럼 1위에게 왕관을 수여하기도 하고, 금·은·동메달을 수여한다. 이것이 유치하지만 효과가 매우 좋다. 다 같이 웃으면서 즐기는 시상식이 되면 좋다. 이런 시상식은 유치한 게 아니라 구성원들의 자부심을 높여준다. 본인들이 받은 상장 액자들을 기숙사에 진열해놓은 것을 보고 오히려 준비한 내가 감동한 적이 있다.

또한 동료들 앞에서 소감을 발표한다는 것 자체가 '자기효능감'이 올라가는 가장 큰 포상이다. 매장에서 준비하는 소소한 포상은 영화티켓, 자유시간이용권, 헤어제품 선물, 영양제, 병원 비타민 수액권, 보톡스 시술권, 전신 마사지 1회권, 레스토랑 식사권, 문화상품권 등 무궁무진하다.

이벤트의 규모나 성과에 따라 포상도 다르지만 정기적인 포상의 경우는 금액에 대한 매장의 부담이 높지 않은 선으로 결정한다. 이처럼 매장 경영회의를 통해 경영 성과를 피드백하고 계획하는 것은 매출을 이끌어내는 중요한 핵심적인 활동이 될 수 있다.

고객이 머무르고 싶은 매장을 만들어라

타깃 고객층의 감성을 연구하라

최근에 지인이 오픈한 헤어살롱은 원장의 섬세한 감성을 바탕으로 오픈 당시 이 헤어살롱은 카페일까? 미용실일까? 소품 숍일까? 궁금증을 유발하더니 점점 지역의 감성 명소가 되어 가고 있다. 이 매장의 콘셉트는 라이프스타일 숍 & 헤어살롱으로 빈티지한 소품들, 옷, 액세서리 등을 판매하기도 한다. 이 헤어살롱을 이용하는 주요 타깃 고객층의 확보로 헤어 시술 이외에 복합 매출이 발생하고 있는 것 또한 이 매장만의 특화된 가치이다.

고객이 느낀 이 헤어살롱의 감성을 살펴보자면, 매장 밖 화단은 다양한 꽃들이 만발하여 꽃밭이 그야말로 장관이다. 원장은 틈나는 대로 화단을 가꾸고, 고객들도 본인 마당에 있는 꽃씨를 가져다 같이 심는다. 화단 잔디 위에는 예쁜 돗자리를 깔아놓고 인형과 피크닉 세트를 구성해놓았다. 이것을 보고 헤어살롱 앞을 지나가는 사람들은 남녀노소를 불문하고 발길을 멈추고 사진을 찍는다. 그런데 나는 꽃밭은 여심을 잡는 요소라고 생각했는데 남학생들과 군인들이 삼삼오오 사진을 찍는 것을 보고 깜짝 놀랐다. 이 과정에서 사람들은 매장에 들어와 명함을 가져가거나 예약을 했다.

고객은 감성 있는 곳에 머문다

매장 안으로 들어오면 누가 알까 싶은 빈티지 화분들, 아기자기한 소품들, 테이블, 조명 하나 소홀한 것이 없다. 매주 생화를 그에 맞는 화병에 담아 매장 곳곳에 비치하여 매장 안은 꽃향기와 아로마 향이 조화롭게 퍼져 있다. 고객들은 머리를 하면서 꽃을 보며 위로를 받고 행복하다고 말한다. 이 매장은 '이 정도 감성이라면 내 스타일을 맡겨도 되겠구나!' 싶어 하는 고객들로 오픈 이후 하루가 다르게 성장하고 있다.

그러더니 이 헤어살롱은 한 백화점에서 프리미엄 화장품인 '시슬리'와 브랜드 제휴가 되었다. 시슬리의 VIP고객들을 시슬리 신제품 라인으로 모발과 두피를 관리해주는데, 이를 통해 이 헤어살롱은 신규고객을 유치할 수 있는 장점이 있다. 대부분 프리미엄 화장품을 쓰는 고객들은 백화점 내의 VIP고객들이기도 하다. 그래서 백화점 외부의 헤어살롱을 선정하는 기준이 높고, 고객 관리나 고객들의 반응에 민감하다. 이 고객들은 지인의 헤어살롱에 오기 전에는 '왜 우리가 모르는 헤어살롱으로 가야 하지?'라고 생각했다가 이곳에서 시술을 받고 나서는 그만한 가치가 있다는 평가를 하고 헤어 시술 고객으로 이어졌다.

이러다 보니 백화점 본사에서 직접 헤어살롱을 방문하여 이 헤어살롱의 구성 콘셉트와 고객 시술 만족도에 반해 오픈 4개월 만에 백화점 내 입점을 제안했다. 요즘 백화점이 위기라고 하지만 고객이 머무르고 싶은 콘셉트가 명확한 곳은 매력적인 타깃이 될 수 있다.

매장의 감성은 음악으로 표현된다

헤어살롱에서 음악은 고객의 감성에 큰 영향을 끼친다. 따라서 매장 내 고객의 연령대, 시간대, 날씨, 이벤트에 따라 매장 분위기를 고려하여 음악을 선정해야 한다. 구성원들은 매장에서 나오는 음악이 매장의 콘셉트와 어울리지 않는 것이 나오면 바로 알아차리고 다른 음악으로 바꿔주는 청각적 민감함을 개발시킬 필요가 있다. 그리고 시간대별로 음악 선정을 통해 매장의 분위기를 다르게 해야 한다. 주로 재즈 장르의 음악을 선정하는 헤어살롱이라면 재즈의 다양한 장르에 대해 연구할 필요가 있다.

예를 들어, 아침 10시에서 12시까지 나오는 음악을 선정할 때는 이 시간대의 주 고객층인 주부 고객들을 생각해야 한다. 아이들이 유치원이나 학교에 있는 시간이기에 주부 고객들에게 이 시간은 휴식 같은 황금시간이다. 이 고객들은 지금 어떤 감성과 휴식이 필요할까를 고려하고 우리 매장에서는 '브런치 카페에서 느낄 수 있는 감성을 주고 싶다'라는 의도를 가지고 음악을 선정하는 것이다.

또 12시에서 4시까지는 매장에 활력이 필요한 시간이다. 이때는 처지거나 우울한 음악이 나오지 않게 빠르고 경쾌한 장르를 선정한다. 5시 이후에는 매장의 분위기를 전환하는 장르를 선정한다. 아무리 좋은 음악도 계속 같은 분위기의 것이 나오면 지루해진다.

매장에서 나오는 음악은 구성원들의 발걸음과 시술하는 손을 느리게 할 수도 있고 빠르게 할 수도 있다. 전체적으로 시술 속도가 느려지거나 침체된 분위기라면 빠르고 활기찬 음악으로 바꿔주면 구성원들의 움직임 속도가 바뀐다.

이벤트성 음악은 연말 기간이나 군대 가는 군인 고객이 있으면 '입영 열차 안에서', '이등병의 편지'를 틀어주며 고객과 함께하기도 한다. 이럴 때는 대개 직원들이 요청을 한다. 날씨나 현재 유행하는 영화, 드라마의 주제곡을 선정하기도 하고, 대중음악을 틀어주는 날을 정하기도 한다.

10~20대의 젊은 고객들이 주요 타깃인 경우는 최신 유행가요를 틀 수도 있다. 중요한 것은 이 음악을 선정하는 것이 매장의 주요 타깃 고객층의 정서를 고려하여 머물고 싶은 헤어살롱으로 연출되어져야 한다는 것이다.

서로 멀티로 돕는 문화가 만들어내는 파워

지금은 멀티 문화가 절실한 시대

과거에는 헤어디자이너가 되면 당연히 파트너 한 명이 배정됐다. 헤어디자이너의 매출 성장과 고객이 편안하고 안정된 시술을 받을 수 있도록 하는 메인제 시스템이었다. 그러나 지금은 1인당 생산성을 계산하지 않고는 수익에 대한 답이 없다. 개인 매출 1,000만 원 미만의 헤어디자이너에게 파트너가 한 명 배정되면 매장 수익은 발생하기 어렵다. 인건비의 부담으로 헤어살롱의 파트너 수요가 줄어들고 있는 실정이다.

주 5일제 근무와 연차가 진행되는 달에는 파트너 인력이 부족한 상황들이 발생한다. 파트너의 휴무일에 영업하는 헤어디자이너의 경우 주변의 도움이 필요하다. 이때 매장의 시너지를 내기 위해서

구성원들 간에 꼭 필요한 것이 서로 돕는 문화이다. 일손이 부족해서 일을 돕는 차원이 아니라 매장 자체가 멀티플레이로 운영되는 문화를 만들면 큰 힘을 발휘한다.

서로 돕는 문화를 만들기 위해서는 내가 먼저 도와야 한다. 도움을 주고받는 것에는 선후배가 따로 없다. 헤어디자이너라면 누구나 샴푸를 할 수도 있고, 바닥을 정리할 수도 있다. 이것은 파트너가 해야 할 일을 대신하는 것이 아니다. 선배니까, 부원장이니까 샴푸는 꼭 파트너가 해줘야 한다는 생각이 멀티플레이 매장이 되지 못하게 하는 저해 요인이 된다.

나 또한 매장에 나가면 가장 많이 하는 일이 컵 씻기, 바닥 정리다. 그것은 내 고객을 위한 일이기 때문이다. 내 고객은 매장의 구성원들과 고객들이다.

헤어디자이너는 파트너가 샴푸를 하러 가면 바로 바닥 정리를 하면서 주변의 바닥까지도 쓸어줄 수 있어야 한다. 또 옆 동료가 퍼머를 말고 있다면 파지를 집어주거나 같이 말아주기도 하고, 염색을 바르고 있다면 같이 염색을 발라줄 수 있어야 한다. 처음에는 서로 도움을 주고받는 것이 어색할 수 있으나 몇 번 시도해보면 자연스러워진다.

서로 돕는 분위기가 고객과 구성원을 만족시킨다

도움을 받는 사람은 감사한 마음이나 고마움을 말로 표현해야 한다. 백 번 도움을 받으면 백 번 고맙다고 인사하는 게 습관이 되어야 된다. 마음속으로만 고마움을 갖고 있으면 상대방은 절대 알지 못한다.

그리고 도움 받는 것을 당연하게 생각해서는 안 된다. 나 역시 바닥을 쓸어주면 고맙다는 인사도 듣지만, 말없이 다른 쪽 발을 들어주는 사람이 꼭 있다. 이것이 반복되면 인사를 받기 위해서 하는 것은 아니지만 '이건 뭐지?'라는 생각을 하게 된다.

인기 있는 헤어디자이너의 경우 항상 바쁘기 때문에 언제나 도움을 받는 입장이 된다. 그들은 식사 시간조차 내기 힘든 경우가 많다. 사실 그들은 다른 사람을 도울 수 있는 시간이 없기도 하다. 그럴 때면 관리자가 도와준 동료들에게 고마움을 표현하는 방법을 알려주어야 한다. 돈을 써서 마음을 표현하게 하는 것이다. 떡볶이 한 그릇이라도 사게 하고, 급여 때 햄버거라도 살 수 있게 한다.

도움 받고 미안한 마음을 갖고 지내기보다는 본인이 할 수 있는 방법으로 베풀고 나누는 마음을 갖도록 제안하는 것이다. 바빴던 만큼 높은 인센티브가 따라오는데 그것은 혼자서 이룬 성과가 아니기 때문이다. 이런 부분을 깨닫지 못하고 돈을 잘 버는 고성과자는 오롯이 혼자서 이뤄낸 성과라고 착각한다. 그래서 가끔 오만하기도 하고, 매우 이기적인 모습으로 성장하면서 외로워한다. 그들에게는 축하받을 일이 생겨도 누구 하나 진심으로 박수를 쳐주는 이가 없다.

나는 한 명의 스타는 필요하지 않다고 말한다. 한 명의 스타 뒤에 누군가가 희생한 시간, 다친 마음이 있을 수 있다. 지금 당장은 매장의 매출이 올라서 좋겠지만, 이기적인 헤어디자이너는 그런 것이 당연하다는 듯 행동해서 매장 전체의 질서를 해친다.

이런 이기적인 모습의 헤어디자이너를 보면 파트너 시절에 누구와 함께 일했는지 꼭 물어본다. 그럼 여지없이 그들은 이기적인 스승의 모습을 똑같이 하고 있다. 이것을 매장의 리더가 모른 체하거나 예외로 둔다면 매장은 멀티플레이를 할 수 없다. 매장의 문화는 한 사람 한 사람의 힘이 모여 만드는 것이다.

반면에 긍정적인 모습의 고성과자도 있다. 본인도 눈코 뜰 새 없이 바쁜데도 기꺼이 다른 팀에 지원을 보내서 샴푸라도 한번 해주게 하는 마음씀씀이를 가지고 있다. 이런 사람들은 결국 리더가 된다. 이들 주변에 사람이 있기 때문이다. 리더로서 해야 할 역할은 서로의 성공을 위해 진심으로 박수쳐줄 수 있는 문화를 만들어주는 것이다.

서로를 칭찬하고 자랑하는 문화 만드는 법

서로를 도울 때 꼭 필요한 것은 나에게 도움을 주러 온 동료나 파트너를 고객에게 소개해주는 일이다. “고객님, 저희 매장 실장인데요. 염색 터치 같이 해드릴게요. 저보다 더 잘해드릴 거예요. 감사해요, 실장님.” 이렇게 말하면 자연스럽게 도와주러 온 실장은 고객에게 자기소개를 하게 된다. “제가 염색 예쁘게 해드릴게요.”

이런 분위기에 고객은 그 헤어살롱을 더욱 신뢰한다. 또 담당 헤어디자이너의 부재 시 지난번에 같이 도와준 헤어디자이너를 찾기도 한다. 이처럼 그 고객이 내 고객이기도 하지만, 우리 매장 모두의 고객이 되어야 한다.

파트너에게 업무를 지시할 때도 고객에게 그의 장점을 부각시켜줄 필요가 있다. “샴푸를 꼼꼼하고 시원하게 잘하는 파트너예요”, “클리닉을 세심하게 잘하는 케어리스트예요.” 이렇게 소개하면 고객은 안심하게 되고, 오히려 헤어디자이너의 성품에 대해 높게 평가한다. 그리고 고객 앞에서 소개 받은 파트너는 자존감이 높아지고, 더 잘하려는 마음으로 고객을 대하게 된다.

마지막으로, 스스로 도와달라고 말할 수 있어야 한다. 바쁠 때 속으로만 혼자 끙끙 앓고 있거나 발을 동동 구르면서 도움을 청하지 못하는 구성원이 있다. 본인이 지금 구체적으로 어떤 도움이 필요한지 도움을 요청해야 한다. ‘알아서 해주겠지’ 하는 마음으로 기다리다가 서운해 한다. 물론 최대한 혼자 할 수 있는 경우는 알아서 해결해야 한다. 간혹 고객 한 명당 파트너가 한 명씩 붙어 있어야 안심하는 헤어디자이너가 있다. 내가 여유롭게 일할 때 발을 동동 구르고 있는 동료가 있다는 사실을 잊지 말아야 한다.

인생은 기브 앤드 테이크다. 내가 먼저 도와줄 수 있어야 나의 성공을 돕는 이들이 점점 더 많아진다. 혼자 외롭게 스테이크를 먹기보다는 같이 웃으면서 함께 떡볶이를 나눠 먹는 인생이 행복이라고 생각한다.

3장

매장의 자산, 좋은 인재를 만드는 방법

고객의 신뢰는 구성원의 첫 이미지에서부터 시작된다

"상대를 외모로 판단하지 마라. 그러나 명심해라! 상대는 당신을 외모로 판단할 것이다."

— 코코 샤넬

헤어살롱에서 스타일을 제안하는 구성원들의 외모는 고객에게 평가될 수 있다. 전문가다운 스타일에 대한 기대감과 신뢰감이 생기기 때문이다. 매장의 인테리어가 화려하고 멋져도 구성원들의 스타일이 감각적이지 않으면 매장 인테리어가 이것을 커버할 수 없다. 오히려 구성원들이 화려한 가구와 조명에 치여 더 초라해 보인다.

간혹 매장 인테리어를 리뉴얼하고 고급 헤어살롱으로 업그레이드를 시도하지만 '사람 인테리어'가 바뀌지 않으면 고객은 변화를 느낄 수 없다. 그래서 간혹 뛰어난 기술을 가지고 있음에도 본인의 외적 스타일링이 부족해 고객에게 가치를 인정받지 못하는 헤어디자이너들을 볼 때면 참 안타까운 마음이 든다.

서로의 스타일을 솔직하고 확실하게 피드백하라

헤어살롱마다 추구하는 콘셉트에 따라 구성원들의 스타일을 통일하거나 자율에 맡기기도 한다. 그러나 헤어디자이너 간 스타일링 편차가 너무 심할 경우에는 통일시킬 때도 있다. 또 전체적으로 통일감, 전문성이 보이는 스타일로 의상을 통일하는 경우는 대체로 화이트 상의에 블랙 하의, 올 블랙 스타일, 정장 스타일 등을 지정한다.

옷을 잘 입는다는 것은 명품 신발, 브랜드 옷을 이야기하는 게 아니다. 본인의 체형에 잘 어울리는지, 고객에게 보이고자 하는 이미지로 연출이 잘 되었는지, 노출이 심해서 눈살을 찌푸리게 하지는 않는지, 그리고 구김 상태, 얼룩 등을 수시로 점검해야 한다.

구겨진 셔츠를 입거나 동네 마실 나가는 복장으로 고객을 만나면 스스로 품격을 떨어뜨리는 것이 된다. 때로는 본인이 좋아하는 스타일인지, 일을 하러 오는 스타일인지, 친구를 만나러 가는 스타일인지 구분을 못하는 경우도 있다. 모두들 나름 최선을 다해 입겠지만 리더들은 고객의 눈으로 구성원들에게 냉정한 피드백을 해줄 수 있어야 한다.

누가 봐도 '저 사람한테 머리 하고 싶어'라는 마음이 들도록 멋지고 단정하고 깔끔하게 본인의 개성에 부합되게 스타일링을 해야 한다. 무엇보다 본인의 스타일이 매장 콘셉트에 맞는가를 생각하고 연출할 필요가 있다.

나는 관리하는 매장의 헤어디자이너의 그날 스타일을 보고 고객을 맞을 준비가 되지 않았을 경우 그날 신규고객을 배정하지 않았다. 빨리 집에 가서 다시 옷을 갈아입고 오도록 제안하거나, '도저히 안 되겠다' 싶을 때는 데리고 나가서 직접 셔츠를 사주기도 했다. 본인 스스로도 하루 종일 고객을 만날 때 자신감이 없기 때문이다. 또 배정된 신규고객은 무슨 죄란 말인가? 고객은 멀리서 다가오는 헤어디자이너의 스타일을 보고 불안한 마음으로 자리에 앉아 있거나, 기대하는 마음을 갖는다. 관리자로서 나는 고객을 만족시킬 책임이 있기에 이 부분을 중요하게 생각한다.

헤어살롱에서 신뢰를 주는 스타일링이란?

남성 헤어디자이너가 스타일을 바꿨더니 고객이 늘었다는 이야기가 있다. 이 헤어디자이너는 항상 슈트를 입었는데 여름에도 와이셔츠의 첫 단추를 풀지 않고 소매도 걷어올리지 않았다. 와이셔츠가 고가는 아니었으나 맞춤으로 제작하여 소매에는 본인의 이니셜을 새겨넣었다. 또 스마트한 이미지를 연출하기 위해서 눈이 나쁘지 않지만 안경을 쓰고, 항상 넥타이를 꼭 메고 일을 한다. 이렇게 입는 이유는 고객에게 정중하고 세련된 모습으로 보이는 콘셉트로 이미지를 설정했기 때문이다. 또 고객을 만날 때 스스로 긴장감을 잃지 않기 위해서 스타일에 격식을 갖춘 것이라고 했다.

이 헤어디자이너는 스타일을 바꾸기 전에는 주로 자유분방하고 캐주얼한 스타일로 입었다고 했다. 그 당시 고객이 주로 10~20대 학생층이었기에 중장년층으로 고객층을 확대하고 싶었지만 좀처럼 고객이 늘어나지 않는 고민이 있었다. 그래서 시도한 것이 스타일의 변화로 이미지를 바꾼 것이다. 스타일을 바꿨더니 원하던 대로 고객층이 바뀌었다. 또 본인이 고객을 대하는 태도가 달라졌고, 고객의 신뢰도가 상승했다는 것이다. '오늘 어떤 옷을 입었느냐'에 따라 입은 옷 스타일대로 걸음걸이를 걷게 되고, 인사하는 모습과 서 있는 자세도 달라진다.

'깜장 고무신'으로 헤어살롱의 격을 떨어뜨리다

스타일하면 빼놓을 수 없는 신발에 관한 나의 흑역사가 있다. 내가 관리자로 일하던 매장에서는 6센티미터의 구두를 신어야 하는 규율이 있었다. 그런데 나는 고집스럽게 '깜장 고무신' 같은 단화를 신고 일을 했다. 구두를 신으면 온 신경이 아픈 발로 가서 웃을 수가 없고, 매장을 빠르게 돌아볼 수 없다는 것이 이유였다.

그런데 그 당시 같이 일했던 점장님은 나의 깜장 단화를 너무 싫어했다. 어느 날은 출근을 해서 신발을 갈아 신어야 하는데 신발이 없어져서 쓰레기통에 버려진 신발을 내가 다시 찾아온 적도 있다. 그런데 시간이 지나 깨달은 것은 그때 내가 매장 입구에 서서 고객을 맞이하면서 헤어살롱의 격을 떨어뜨렸다는 것이다. 나는 그때 발이 아프지 않으면서 보기에도 좋은 신발을 찾은 노력을 했었어야 했다. 개인의 취향이나 개성도 중요하지만, 헤어살롱의 전체적인 이미지에 영향을 끼친다는 사실을 인지해야 한다.

요즘은 매장에서 구성원들에게 높은 구두를 신어야 한다고 권하지 않는다. 운동화가 트렌드인 시대이기도 하고, 오히려 높은 구두는 보는 사람을 불안하게 한다. 하루 종일 서서 일하는데 척추나 무릎 건강에 좋지 않고, 빠르게 움직일 수도 없다. 그렇지만 운동화를 신을 때도 의상에 어울리고 청결한 운동화를 신는 것은 기본이다. 요즘 유행인 발꿈치 뒷부분이 없는 슬리퍼 형태의 블로퍼를 신는 것이 허용되는 매장이라면 걸을 때 신발을 질질 끌고 다니지 않도록 주의해야 한다.

마지막으로 스타일의 마무리는 향기 관리이다. '향기와 냄새'는 둘 다 후각에 대한 표현이지만 향기는 사람을 기분 좋게 하지만, 냄새는 불쾌한 기분을 들게 한다. 헤어살롱에서 고객이 불쾌한 기분을 느낄 수 있는 순간들이 있다. 특히 고객이 샴푸를 받을 때 흡연자인 직원의 손끝과 숨결에서 나는 담배 냄새에 유의해야 한다. 또 음식 냄새는 머리카락이나 옷에 배기도 한다. 스스로 향기를 관리하는 서비스는 고객에게 좋은 인상을 주는 중요한 요소이다.

고객의 니즈에 딱 맞게 헤어디자이너를 배팅하라

고객 배정은 헤어살롱 영업의 핵심이다

요즘 신규고객들은 헤어살롱의 온라인 노출과 예약 활성화로 방문 전 검색으로 헤어디자이너를 스스로 선택하고 오는 비중이 높아졌다. 헤어디자이너를 지명하지 않는 경우에도 매장의 분위기를 살피고 신규 예약을 한다.

또 신규 전화예약 고객의 경우 먼저 헤어디자이너를 추천해달라고 요청하는 경우가 있다. 그럴 때 나는 고객을 매장에서 직접 뵙고 희망하는 스타일에 맞는 헤어디자이너를 소개해드린다고 말한다.

헤어살롱마다 각각 고객 배정 시스템이 있다. 그 방법은 관리자가 고객과 사전 상담을 한 후 헤어디자이너를 배정하거나 배정순서표의 헤어디자이너 순번대로 고객을 배정하는 방법이 있다. 물론 배정 순번의 경우 예외가 발생되는 때는 배정 순번인 헤어디자이너의 상황이나 상담 고객과 매칭이 안 되는 헤어디자이너일 경우는 순번을 바꾸기도 한다.

그만큼 성공하는 헤어살롱 영업의 핵심은 어떤 방식으로 '고객 배정'을 하느냐에 달려 있다. 헤어디자이너들은 고객 배정이 매출과 직결되는 문제이기 때문에 민감할 수밖에 없지만 고객 배정은 헤어디자이너들에게 공평의 문제만은 아니다.

매장과 헤어디자이너가 '지명률'과 '재방률'이 늘지 않을 때는 고객 배정의 문제를 짚어봐야 한다. 장기적으로 헤어디자이너와 고객이 제대로 연결되지 않은 경우 헤어살롱, 고객, 헤어디자이너의 총체적 손실이 야기되기 때문이다. 이 부분을 간과하고 헤어디자이너들의 눈치를 보느라 순번대로만 배정한다면 고객의 만족도는 낮아질 수밖에 없다. 그 결과 시술이나 서비스에 불만족한 고객은 소개로 이어질 수도 없고, 좋은 소문이 나기도 어렵다.

관리자의 매칭 능력이 빛나는 순간

내가 매장에서 근무했을 때 기억이 나는 고객이 한 분 있다. 40대 후반의 세련된 여성 고객이었는데 첫 방문이라 내심 못 미더워 불안한 표정이었다. 빠른 걸음걸이로 들어오면서 큰 목소리로 지금 커트할 수 있는지 물었다.

내가 상담하려고 다가가 인사를 하자, 고객은 대뜸 "내 머리 할 헤어디자이너예요?" 하더니 바로 머리를 자르러 일어날 기세였다.

시간이 없거나 급한 성격의 고객으로 파악했다. 나는 "고객님, 혹시 시간이 없으세요? 몇 시까지 나가셔야 하세요?"라고 물었더니 시간은 충분하단다. 그래서 "제가 오늘 고객님과 스타일이 잘 맞는 헤어디자이너를 소개해드릴게요"라고 했더니, 대뜸 "당신이 나를 어떻게 알아서 잘 맞는지 안 맞는지 아느냐? 아무나 소개해주세요"라고 했다.

이럴 때는 고객의 기에 눌려서 당황하거나 주눅 든 모습을 보이면 안 되기에 웃으면서 말했다.

"고객님, 죄송하지만 저희 매장에 아무나는 없습니다. 제가 이 일을 15년이나 해서 저희 선생님들의 커트 스타일을 잘 알고 있어요. 최대한 만족하실 수 있게 헤어디자이너와 매칭해드려요. 바로 커트할 수 있는 헤어디자이너도 있지만 20분 정도만 기다려주시면 고객님이 희망하시는 스타일을 잘하는 헤어디자이너를 소개해드릴게요. 저를 믿고 기다려주시겠어요? 커트 스타일이 마음에 안 드시면 커트 요금을 대신 지불할게요."

고객은 마지못해 수락했다. 나는 고객의 헤어 시술과 성향을 리드할 수 있는 헤어디자이너를 배정하고, 고객과의 소통 내용을 전달했다. 그리고 시술을 마친 고객에게 "오늘 커트하신 스타일은 어떠세요?"라고 묻자, "뷰티 코디네이터가 있는지 몰랐어요. 머리 잘하시네요. 고마워요. 다음에 또 올게요"라며 밝은 표정으로 인사했다. 고객에게 '뷰티 코디네이터'라고 언급하지 않았으나, 고객은 나에 대한 신뢰의 표현으로 뷰티 코디네이터라는 전문가로 표현한 것이다.

상담으로 고객을 분석하고 매칭하라

고객 상담은 매장에 고객이 걸어들어오는 순간부터 시작된다. 그래서 고객의 걸음걸이나 표정, 제스처를 하나도 놓치지 않아야 한다. 고객이 화려한 스타일인지, 모던한 스타일인지 등등의 특징을 파악한다. 신규고객 상담일지가 있는 경우 내용을 파악한 후 헤어살롱을 바꾸게 된 계기나, 희망하는 스타일, 고민사항을 간략히 파악한다. 그러나 희망 헤어 디자인에 관한 상담은 헤어디자이너의 역할이므로 구체적인 상담은 하지 않는다.

상담을 하면서 고객의 말 속도와 분위기를 파악하여 헤어디자이너를 매칭한다. 기술적으로도 적합한 헤어디자이너를 배정한 후에는 고객과 상담한 사전 정보를 담당 헤어디자이너에게 전달한다. 고객이 상담 때 했던 이야기를 반복하여 설명하지 않도록 하기 위해서이며, 고객에 대한 사전 정보를 가지고 준비할 수 있도록 하기 위해서이다.

그다음으로 고객 배정에서 고려해야 할 사항은 고객의 '감성 니즈'를 파악하는 것이다.

기술이 뛰어나다고 해서 헤어디자이너와 모든 고객의 감성과 성향이 일치하지 않을 수 있기에 이것을 파악하여 매칭하는 게 중요하다. 전문성과 노련함으로 리드해야 할 고객이 있고, 반대로 헤어디자이너의 주도적인 리드를 불편해 하는 고객도 있다. 또 대화하면서 감정 표현과 소통을 해야 하는 고객은 말없이 묵묵히 머리만 하는 헤어디자이너와는 교감이 안 되어 답답함을 느낄 수 있다. 반면에 대화보다는 머리를 하면서 개인적인 시간을 보내며 쉬고 싶은 고객에게 말 많은 헤어디자이너는 피곤할 수 있다. 또 바쁜 고객은 손이 빠른 헤어디자이너를 매칭해야 하며, 차분하면서 잘 듣는 성향의 고객은 시술에 대한 자세한 설명과 꼼꼼한 헤어디자이너를 매칭한다.

재미있는 것은 담당 헤어디자이너와 그들의 고정고객들은 성향과 분위기가 비슷하다는 것이다. 조용하고 차분한 헤어디자이너의 경우 고객들과 대화를 하지 않는 것처럼 보이지만 알고 보면 속닥속닥 대화하고 있다. 물론 고객이 차분하고 말이 없는 경우에도 에너지 넘치는 헤어디자이너를 만나는 걸 즐거워한다.

여기서 중요한 것은 고객이 내 스타일로만 굳어져 한계가 있지 않은지 확인해봐야 한다. 헤어스타일의 경우도 본인이 쇼트 헤어일 경우 담당 고객도 쇼트 헤어를 즐겨하는 고객이 많은 편이고, 컬러를 좋아하는 헤어디자이너는 컬러 고객이 많은 편이다. 헤어디자이너들은 최대한 카멜레온같이 고객에 맞춰 빨리 변신 능력을 갖춰야 한다. 관리자 입장에서 넓은 기술적 스펙트럼과 다양한 고객에 맞게 변신할 줄 아는 헤어디자이너는 어떤 고객을 배정해도 안심이 되기 때문이다.

신규고객의 만족도를 직접 눈으로 확인하라

만약 책임관리자가 매장 안에서 고객을 확인하지 않고 배정해야 할 경우에는 무전기를 통해 '연령대', '성별', '머리 길이', '희망 스타일', '이미지 또는 분위기'를 압축해서 전달받는다. "30대 초반 롱 머리 어깨단발 C컬 펴머 신규입니다. 밝고 쾌활한 성향입니다." 이 멘트를 듣고 이미지를 연상해서 배정한다. 고객의 이미지가 잘 그려지지 않을 경우는 고객에게 대기시간 10분 이내로 양해를 구한 후 가서 상담한다. 신규고객 배정은 너무나 중요하기 때문이다.

마지막으로, 고객을 배정한 책임자는 신규고객의 시술만족도를 직접 확인해야 한다. 결제하는 고객의 표정이나 머리를 자꾸 만지는 모습을 보면 분명히 문제가 있는 것 같은데 관리자가 데스크에서 "오늘 헤어스타일 마음에 드세요?"라고 물으면 고객은 마지못해 "네"라고 대답한다. 헤어디자이너가 배웅할 때 옆에 서 있어서 솔직하게 말하기 어려울 수 있다. 이럴 경우 나는 고객과 같이 출입문 밖 또는 주차장까지 동행하면서 만족도를 확인한다.

고객의 속마음을 확인한 후 담당 헤어디자이너와 이 내용을 소통하고 해피콜이나 문자를 통해 고객과 소통할 수 있게 한다. 이처럼 고객의 니즈에 맞게 배정하려면 헤어디자이너와 관리자의 신뢰관계가 중요하다. 그러므로 관리자는 신뢰를 쌓기 위해 헤어디자이너와의 소통, 스타일을 보는 눈, 고객에 대한 연구가 필요하다.

불황기에도 하이 퍼포머는 예약이 밀린다

헤어살롱의 하이 퍼포머란?

경기가 어렵다고들 하지만 내가 가치와 만족을 느끼는 곳에는 돈을 쓰는 '가치소비의 시대'이다. 그래서일까, 미용업계에서도 최고의 매출을 달성해 온라인에 인증하는 하이 퍼포머(high performer) 헤어디자이너들의 소식을 들을 수 있다.

헤어업계에서는 헤어디자이너의 매출 성과와 고객 지명도가 높은 핵심인재를 '하이 퍼포머'라 한다. '하이 퍼포머' 헤어디자이너는 매월 본인 매출의 신기록을 갱신하기 위해 부단히 노력한다. 기술, 감성, 마케팅 노력의 결과인 헤어디자이너의 매출은 '고객의 인정'이란 숫자로 산출된다. 헤어살롱마다 '하이 퍼포머'의 기준인 매출과 지명고객 수는 다를 수 있다.

이들은 일반 헤어디자이너였을 때는 고객의 시간에 맞췄지만, 이제는 고객이 그들의 시간에 맞춘다. 해외 연수를 가거나 장기 휴가를 갈 경우 고객들의 스케줄이 헤어디자이너 일정에 맞게 조정된다. 고객들 또한 본인의 담당 헤어디자이너가 '하이 퍼포머'인 것에 자부심을 갖는다. 이들의 부재 기간 동안 고객 이탈에 대한 염려가 적은 것은 본인들의 '충성고객'이 구축되어 있기 때문이다. 이렇게 흔들리지 않는 '충성고객층'을 만들기까지는 고객들과 쌓은 기술적, 인간적 신뢰관계가 두텁다. 매장 또한 이들의 부재 기간 동안 매출의 하락이 있음에도 하이 퍼포머 스스로 매출 성과를 만들어내기 때문에 크게 염려하지 않는다. 오히려 기술적 업그레이드나 휴식으로 에너지를 충전하는 것을 지지하기도 한다.

요즘 헤어업계에서 개인 최고 매출을 달성했거나 한두 달치 시술예약이 이미 완료되었다는 하이 퍼포머들의 소식을 듣는다. 그렇다면 예약이 밀리는 하이 퍼포머의 매력과 이들은 어떤 행동을 하는지 연구할 필요가 있다.

신입 헤어디자이너, 하이 퍼포머가 되는 비결 3가지

요즘에는 매력 있는 1년 차 이내 신입 헤어디자이너들도 충분히 고객에게 전문가로서 지지받고 하이 퍼포머로서의 두각을 나타내고 있다. 신입 하이 퍼포머 헤어디자이너의 경우 베테랑 헤어디자이너에 비해 특정 기술력은 부족하지만, 스스로도 잘 알기 때문에 기술적으로 더 최선을 다하는 모습을 보이고 인간적인 매력으로 고객과 소통한다. 그 결과 이들에게 첫 시술을 받은 고객들은 당일 고액의 멤버십 결제를 하고 이어 지명고객이 된다. 호황이라도 선뜻 50만 원, 100만 원의 멤버십 결제는 쉽지 않다. 그런데 불황에도 이런 매출을 이끌어낸다니 신입 하이 퍼포머 헤어디자이너들의 대단한 힘이다.

고객은 이미 신입 헤어디자이너들의 빗질과 가위질을 통해서, 그리고 시술 후 집에서 만져지는 손질을 통해서도 그들의 시술이 완벽하지 않음을 안다. 그럼에도 불구하고 고객이 이들을 재방문하는 이유는 열심히 노력하는 모습을 보면 계속 지지하고 싶고, 이들이 성장하는 모습에 감동을 받기 때문이다. 이렇게 지명고객이 팬이 되고 시간이 지나면서 기술도 점점 향상된다.

신입 하이 퍼포머를 지켜본 결과 다음 세 가지 공통점을 발견했다.

첫째는 '부족한 기술을 향상시키기 위해 시간을 투자한다'는 것이다. 이들은 한결같이 '오직 연습만이 살길'이라고 말한다. 한 신입 하이 퍼포머는 출근 전 새벽 시간과 휴무, 퇴근 후 연습과 교육을 통해 본인의 부족한 기술을 끊임없이 연습하고 훈련했다. 부족한 기술은 매장 원장을 붙들고 가르쳐 달라고 해서라도 해결한다. 이처럼 연습하는 이유는 자신을 믿고 찾아오는 고객들에게 부끄럽지 않기 위해서다. 그녀는 헤어디자이너가 된 후 '1년간 휴무 없이 일하기'가 목표라고 했다. 스스로 '일 근육을 늘리기' 위해 선택한 방법이다.

둘째는 그들에게는 '밝은 에너지가 있다'는 것이다. 신입 시절부터 고객을 끄는 그들의 매력은 '밝은 표정과 긍정적인 에너지'를 가지고 있다는 것이다. 그리고 고객들도 그들에게 "선생님의 밝은 얼굴을 보고 에너지 받고 싶어서 왔다"는 이야기를 많이 한다. 이만큼 밝은 에너지는 고객들을 끌어당기는 자석과도 같다.

셋째는 '디테일한 관심 표현으로 고객을 감동시킨다'는 것이다. 이들은 퇴근시간쯤에 예약한 고객을 위해 미리 김밥이나 샌드위치를 준비한다. 예약 시간을 맞추기 위해 퇴근 후 저녁 식사를 못하고 매장으로 오는 고객을 위한 배려이다. 또 복날에 수박을 VIP고객의 집까지 직접 배달해주는 깜짝 선물을 하고, 감기 기운이 있는 고객에게는 배웅하면서 미리 준비한 약봉지를 내미는데 어떻게 감동하지 않을 수 있겠는가. 결국 고객은 이들의 열혈 팬이 된다. 이미 다 알고 있는 것들, '뭘 그렇게까지 해야 하나' 싶은 것들을 하이 퍼포머들이 실행하면서 고객의 지지를 받는다.

베테랑 하이 퍼포머들의 성공 유지 비결

20년 이상의 경력 헤어디자이너들 중에서 여전히 하이 퍼포머로 활동하고 있는 경우도 많다. 이들은 끊임없이 기술을 연구하는 태도가 습관이 되어 있다. 하이 퍼포머 원장들은 축적된 본인의 기술에 만족하지 않는다. 그들은 여전히 신입 헤어디자이너들과 같이 새로운 기술을 배운다. 헤어에 대해 공부할수록 더 어렵다고 말하며 긴장을 늦출 수가 없다고 한다.

오랜 세월 동안 수십만 명을 시술한 기술적 노하우가 있음에도 불구하고 이렇게 끊임없이 노력하는 프로 근성이 바로 불황에도 예약이 밀리는 비결이다. 이들은 일에 몰입하는 집중도가 높으며, 고객의 움직임과 사소한 표정에도 민감하게 반응한다.

어느 날 한 하이 퍼포머 원장은 이런 말을 했다.

"고객이 너무 많아서 하루 종일 물 마실 시간도 없이 일하다가 중간에 잠깐 물 한 잔을 마셨는데 시원한 물이 식도를 타고 내려갈 때 짜릿한 행복을 느꼈다."

그는 집에 가서도 가발을 세워 놓고 새로운 기술을 시도하고 연습을 한다. 또 매년 국내외 해외연수를 통해 스스로를 업그레이드 한다. 헤어살롱에서 고객을 꾸준히 만나면서 현재는 본인의 헤어스타일을 배우고자 하는 해외 미용인들에게 기술 교육을 한다. 이러한 하이 퍼포머 헤어디자이너들의 노력은 미용 선진국이라는 자부심이란 결과로 나타난다.

하이 퍼포머가 되고 싶다면 나와 가장 가까이에 있는 이들의 일하는 방식과 고객을 대하는 태도와 습관을 벤치마킹할 필요가 있다. 그리고 나만의 강점을 개발시켜 나다움, 나만의 색으로 고객을 물들여야 한다. 우리 헤어살롱의 고객이 '나 아니면 안 될 이유'를 만들어 구체적으로 실행한다면 고객의 증가와 매출의 증대로 이어질 수 있다.

극성맞은 원장이
직원들을 성장시킨다

헤어살롱의 아침 풍경은?

헤어살롱의 입점 교육을 하면서 구성원들에게 질문을 했다. "지금 이 시간(오전 7시 30분) 전국 헤어살롱의 아침 풍경은 어떤 모습일까요?" 그러자 "지금 교육 받고 있을 것 같습니다. 다른 매장도 오늘 교육이 있다고 들었어요", "다른 미용실 직원들도 오늘 일찍 오던데요?", "어제 불금을 보낸 사람들은 지금 자고 있을 것 같은데요" 등의 대답이 나왔다.

나는 "네. 국내에 16만 개의 헤어살롱이 있지만 극성맞은 원장님이 있는 매장은 지금 매장에 불이 켜져 있을 거예요. 아마 대부분 교육이 진행 중일 것입니다"라고 말했다. 헤어살롱의 주말은 전 직원이 출근하기에 중요한 교육은 주로 주말에 이루어지기 때문이다.

이때 주로 진행되는 교육은 기술, 서비스, 독서토론회, 전체 회의 등이다.

이어서 다음 질문을 했다. “아침 일찍부터 여러분들은 무엇을 위해서 이 자리에 앉아 있나요?” 하고 질문했다. 이에 “지금보다 더 잘하고 싶으니까요”, “아침 일찍 나오는 것은 너무 힘들지만 교육 받으면 제가 성장하니까요”, “당연히 나와야 하는 거니깐요”라고 대답했다. 이렇게 교육에 참석한 헤어디자이너들 중에 집이 먼 경우는 아침 교육에 늦지 않으려고 인근 동료의 집에서 숙박을 하고 참석했다는 사실을 알게 되었다.

내가 교육 중인 신입 헤어디자이너이너들은 주 2회 이상 기술 등의 교육을 받는다. 나는 이들의 피로도가 염려되어 현재 컨디션과 업무 집중도 대해 물어보았다. 그러나 이들은 피곤할 때도 있지만 성장한다는 것을 알기 때문에 오히려 트레이닝 받는 것에 대해 감사한 마음을 갖고 있었다. 물론 이러한 헤어살롱은 교육문화가 형성되어 있고, 구성원들이 뚜렷한 목표와 성장하고 싶은 욕구가 있는 매장이지만, 이것이 가능했던 것은 구성원을 성장시키고 싶은 원장의 극성맞음도 한몫을 했다.

리더는 구성원들과 비전을 공유해야 한다

최근 부원장으로 승진한 한 헤어디자이너의 고민을 들었다. 승진을 거듭해 스스로 도전할 수 있는 최종 진급 단계인 부원장이 되고 최고 매출도 달성했다. 하지만 승진을 하고 난 이후에도 다람쥐

쳇바퀴 도는 듯한 일상이 힘들다고 호소했다.

이러한 슬럼프는 목표를 달성하기 위해 달려온 헤어디자이너들이 목표 달성 후 호소하는 공통적인 특성이다. 그래서 대화를 나누어 보니 현재 일이 힘들어서가 아니라 앞으로의 뚜렷한 목표나 비전 제시가 필요하다는 것을 알게 되었다. 그녀는 현재 매장에서 고객을 만나는 것도 즐겁고, 본인이 휴무를 조정해도 고객이 스케줄을 맞춰 줄 정도로 고객과의 신뢰관계가 구축된 상태였다. 한 달 평균 예약고객이 300명 이상으로 안정적이었다.

그런데 대화 중에 그녀는 이런 말을 했다. "우리 원장님은 저에 대한 계획이 없으신 거 같아요. 몇 년째 같이 일하는 동안 한 번도 듣지 못했어요. 저는 원장님과 함께 경영에 대해 배우고 싶어요."

깜짝 놀랐다. 10년을 지켜본 그녀는 내향적이고 묵묵히 일만 하는 스타일이라 리더가 되어 경영을 하고 싶어 한다는 걸 나조차도 전혀 감지하지 못했던 것이다. '아, 역시 대화를 해봐야 하는구나!'라는 생각이 들었다. 그는 앞으로 본인의 대한 비전을 원장과 소통하고 싶어했다.

부원장이 매장에 관심을 갖는다는 것은 환영할 일이다. 원장으로서도 든든한 조력자가 생기는 것이다. 나는 그녀에게 미용인으로서, 부원장으로서의 마인드와 역할, 앞으로 공부해야 할 것들에 대해 알려주고, 원장님께 차 한잔 같이 마시고 싶다고 먼저 용기를 내보라고 했다. '언젠간 원장님이 불러서 말해주겠지'라고 기다리다가 서운하고 답답한 마음이 커질 수 있기 때문이다. 사람을 성장시키는 것은 그 사람에 대한 '관심'이다. 극성맞은 원장은 구성원에게 관심이 있다. '관심'이 곧 '사랑'이기 때문이다. 구성원들이 많은 매장에서는 조용하고 묵묵히 일하고 있는 사람을 놓치기 쉽다. 이때 리더는 사랑과 관심이 눈에 띄는 사람에게만 치우치거나, 혹시나 소홀히 대하고 있는 사람은 없는지를 살펴야 한다.

헤어디자이너의 성과 그룹별 특징

헤어디자이너들을 개인 매출과 지명고객 수로만 측정할 경우 그들의 성과를 세 그룹으로 분류할 수 있다.

하이 퍼포머 그룹

목표가 뚜렷한 하이 퍼포머 그룹은 극성맞은 원장이 이끄는 대로 잘 따라온다. 오히려 이들의 열정이 원장을 움직이게 만들기도 한다. 그래서 원장의 열정의 그릇, 진취적인 그릇, 리드하는 그릇, 사람을 담는 그릇만큼 하이 퍼포머를 담을 수 있게 된다. 그런데 원장의 그릇이 작으면 하이 퍼포머는 비전을 향해 떠나게 된다. 성장에 대한 비전이 제시될 경우 이끄는 대로 가속도가 붙지만, 미래에 대한 비전을 제시하지 않는 원장과 함께 일하는 것을 힘들어한다.

미들 퍼포머 그룹

미들 퍼포머(middle performer) 그룹은 성장은 하고 싶지만 구체적인 실행 방법을 알지 못하거나, '지금 이대로가 좋아'로 머물러 있기를 선택한 사람들로 구성되어 있다. 현재의 고객 수나 매출을 현상유지만 해도 큰 불편함이 없다고 생각한다. 그러나 이들이 '그 자리에 있겠다고 결심한 순간'부터 고객 수와 매출 하락이 동반된다. 점점 로 퍼포머로 하락한 후에 꾸준히 노력하지 않았던 것을 후회한다.

종종 리더가 제안하는 것을 시도해보다가 바로 성과가 나타나지 않으면 멈추기를 반복한다. 그렇지만 리더가 의지를 가지고 노력을 하면 매출과 고객 수를 회복할 수 있는 그룹이다. 그래서 이들 가운데 일부는 하이 퍼포머가 되기도 한다.

헤어살롱에서는 미들 퍼포머가 가장 많은 비율을 차지하는 만큼 이 그룹이 움직일 때 매장과 개인의 성장 가능성의 폭이 크다. 이들에게는 기술력, 마인드, 서비스적인 부분 등에 대해 구체적으로 분석하여 피드백할 필요가 있다.

로 퍼포머 그룹

로 퍼포머(low performer)들은 대개 일에 대한 열정이 낮고, 고객 관리와 기술력을 키우려는 노력을 하지 않는다. 물론 열정이 있으나 재능이 없는 경우도 있고, 재능이 있으나 열정이 없는 경우도 있다. 그래서 이들 중에는 성장을 독려하는 극성맞은 원장과 함께 일하는 것을 힘들어 한다. 리더조차도 이들과 함께 가야 할지 이별해야 할지 수십 번을 갈등하지만 어쩔 수 없이 매장의 머릿수를 채우는 역할을 맡긴다. 그야말로 이러지도 저러지도 못하는 그룹이다.

로 퍼포머는 기술이 부족할 수도 있고, 고객에게 전문가로서의 매력이 없을 수도 있다. 반면에 이들 중에는 기술은 부족하지만 서비스력이 있거나 성실하고 책임감이 강한 사람이 있다. 이들은 오히려 관리자로서의 역량이 있을 수 있기에 상담을 통해 관리자의 비전을 제안하기도 한다. 이들의 기술적 강점이나 좋아하는 것이 무엇인지를 발견하여 이끌어내는 노력이 필요하다.

모든 사람은 '인정받고 싶고, 잘하고 싶은 욕구'가 있다. 극성맞은 원장이 이끄는 매장은 직원을 성장시키고, 그를 통해서 매출을 이끈다.

하이 퍼포머 파트너의 7가지 성공 비밀

미용업계에서 근무하면서 신입사원 교육, 현장실습생 교육, 미용대학의 특강을 하곤 했다. 강의를 통해 각 매장에서 일하는 파트너들과 스타 헤어디자이너를 꿈꾸는 학생들을 많이 만났다. 강단에 서면 수십 명 중에 유난히 눈에 띄는 파트너나 학생들이 있다.

신입 파트너가 입사할 때 이런 이야기를 들을 때가 있다. "서람이는 성적도 좋고 장학생이었어요. 성실하고 리더십도 있어요. 잘할 거예요." 이와는 반대로 "연서는 까불까불하고 놀기만 해서 잘할지 모르겠어요. 취업을 보내면서도 걱정되는데 잘 부탁드려요"라는 말을 듣는다.

둘 중에 누가 더 잘할까? 나는 미용 현장에서 스스로 부딪혀 봐야 알 수 있다고 얘기한다. 우등생은 늘 관심과 칭찬을 받았기 때문에 매장에서 실수하거나 지적이나 충고를 듣는 것에 대해서 자존심 상해하며 힘들어 하고, 스스로에 대한 기대감이 높아서 스트레스를 많이 받는다. 물론 이 과정을 잘 이겨내면 크게 성장한다.

까불이인 직원은 밝고 사교적인 성격으로 고객들과 직원들에게 인기 있는 현장형 인재가 될 수 있다. 학생 때는 두각을 나타내지 못해 칭찬이나 관심을 받지 못했지만 매장에서 칭찬과 관심을 받으면 동기부여가 되어 놀랍게 성장할 수 있다. 이를 바탕으로 매력 있는 파트너들이 공통적으로 가지고 있는 7가지 성공 비밀에 대해 살펴보겠다.

'인사'를 잘한다

유치원에서 가장 먼저 배우는 것이 배꼽 인사이다. 인사를 통해 어린아이들도 사람과의 관계를 배운다. 밝은 '인사성'을 가진 사람은 만날 때마다 기분이 좋다. 아침에 출근을 하면 다가와서 인사를 하는 파트너들이 있는가 하면, 못 본 체하며 '쓱' 지나가는 파트너가 있다. 매장 구성원들도 그 파트너를 못 본 체하며 각자 머리를 하거나 할 일을 하지만 거울을 통해 인사도 안 하고 지나가는 것을 보면 투명인간 취급을 받는 것 같아 기분이 좋지 않다.

게다가 인사성은 고객과도 연결이 된다. 담당 고객이 아니어도 고객과 거울로 눈이 마주치거나 샴푸실에서 스칠 때, 대기석을 지나갈 때 자연스럽게 목례나 인사를 받은 고객들은 '저 직원 참 괜찮네'라고 생각한다. 고객은 존중받고 있다는 느낌이 들게 되고 훨씬 호의적인 태도가 된다.

항상 '밝은 표정'을 한다

밝은 얼굴을 한 사람은 보기만 해도 기분이 좋다. 같은 실수를 해도 밝은 얼굴을 보면 차마 화를 낼 수가 없다. 밝은 표정은 고객의 마음도, 선배들의 마음도 무장해제시키는 힘이 있다.

내가 밝은 표정을 연습하게 된 계기가 있었다. 파트너 시절 퇴근하려는데 메인 선생님이 "현이 씨, 오늘 기분 나쁜 일 있어?"라고 묻더니, 하루 종일 뚱한 얼굴로 입을 내밀고 일해서 불편했다고 했다. 나는 아무 일도 없었고, 오직 매직 스트레이트를 펴는데 집중했을 뿐이었는데 말이다. 나는 집중하면 미간을 찌푸리고 오리 주둥이처럼 입을 내미는 버릇이 있었다. 이 말을 듣고 나서 고치려고 늘 입꼬리를 올렸다. 그 이후 파트너 시절 항상 웃는 얼굴이라는 칭찬을 많이 들었고, 입꼬리 효과로 '미스터리 쇼퍼' 모니터링에서 항상 표정으로 최고의 평가를 받았다.

'적극적으로 대답'을 잘한다

헤어디자이너가 파트너에게 "미애 님, 로드(rod) 3호 아래로 준비해주세요"라고 했을 때 "네. 알겠습니다" 또는 "네. 선생님, 3호 아래로 준비하겠습니다"로 대답하고 준비하는 것이 좋다. 그런데 아무 대답 없이 가버리면 지시하는 헤어디자이너 입장에서 '내 얘기를 잘 들었나? 못 들었나?' 하는 마음에 재차 물어보게 된다. 답답한 마음에 "미애 님, 들었어요?"라고 재확인을 한다. 그러면 파트너는 "네" 또는 "들었는데요"라고 짧게 대답한다. 이런 과정 속에서 헤어디자이너는 화가 나기도 하고, 대답을 못 들을 경우 '무시받는다'는 불쾌한 감정을 느낀다. 또 이 대화를 들은 고객은 이 분위기를 감지하고 '팀워크가 좋지 않은 것 같다'라는 생각한다.

그런데 이때 파트너가 헤어디자이너의 지시에 적극적으로 대답하고 움직이는 분위기가 되면 고객은 속으로 '일하는 호흡이 참 잘 맞는구나!'라고 느끼며 팀에 신뢰를 보내게 된다. 마찬가지로 고객을 응대할 경우에 고객이 "저 잡지책 좀 주시겠어요?"라고 할 때 "네. 고객님, 잡지책 준비해드릴게요. 패션지와 여성지 중에 어떤 걸로 준비해드릴까요?"라는 대답이 고객에게 기분 좋은 매너가 된다.

'센스'가 있다

센스가 있다는 것은 상대방의 움직임에 관심을 기울인다는 것이다. 파트너들은 매장이 바쁘지 않을 때는 헤어디자이너가 커트할 때 옆이나 뒤에 서서 헤어디자이너의 손짓이나 고객을 살핀다. 이때 페이스필름을 하지 않은 고객의 앞머리를 커트할 때 머리카락이 얼굴로 바로 떨어지지 않도록 센스 있게 스펀지를 이마에 받쳐 준다. 시술받는 고객도 헤어디자이너도 표현은 하지 않지만 마음속으로 파트너의 센스와 순발력에 감탄하게 된다.

'연습' 시간을 확보한다

미용 기술력은 현장 경험과 개인 연습량으로 향상된다. 주 5일 근무로 파트너들의 근무 일수가 줄어들었다. 과거에 비해 신입 헤어디자이너가 되기까지 최소 6개월의 현장 경험이 줄어든 것이다. 6개월간 매장에서 만나는 고객 수는 수백, 수천 명 이상이다. 파트너 기간 동안 고객의 모발을 눈으로 보고 손으로 만져보는 경험이 실력을 키워주는데 말이다. 현장 경험이 줄어든 만큼 기술의 차이를 줄이려면 개인 연습 시간을 확보해야 한다.

'셀프연출력'이 있다

파트너 시절부터 스스로를 꾸밀 줄 알아야 헤어디자이너가 되어서도 셀프연출력이 생긴다. 파트너의 셀프연출력은 헤어, 메이크업, 청결한 유니폼, 깨끗한 신발 착용, 향기 관리로 표현된다. 고객들은 외적으로 준비가 안 된 파트너가 헤어 시술을 하면 헤어디자이너와 똑같이 시술을 해도 못 미더워하기도 한다. 담당 헤어디자이너가 한 번 더 시술해줘야 비로소 안심을 한다.

반면에 신입 파트너라도 셀프연출력이 뛰어나면 고객들은 그를 신뢰하여 권하는 제품도 구매한다. 셀프연출력은 본인의 경쟁력이자 제안력이 된다.

'사람'을 좋아한다

미용은 평생고객과 동료인 사람들과 함께하는 직업으로 기술업이 아닌 서비스업이다. 서비스는 사람을 좋아하고 친밀한 관계를 만들 수 있어야 한다. 미용 산업을 로봇이 대체할 수 없는 이유는 기술 때문이 아니다. 고객을 좋아하는 마음으로 공감, 관심, 감정을 교류하여 고객이 원하는 헤어스타일과 이미지를 만들기 때문이다.

좋아하는 사람은 눈빛만 봐도 느낄 수 있다. 고객에게 이 마음과 눈빛으로 서비스할 때 매 순간 표현되고 기억해준다. 파트너 시절 고객과 쌓은 관계는 헤어디자이너가 되어서도 빛을 발한다. 파트너들 중에는 매장과 헤어디자이너의 매출을 이끌어내는 하이 퍼포머 파트너들이 있다. 하이 퍼포머 파트너들의 매력은 헤어디자이너가 되어서도 스스로 미래를 이끄는 리더가 되게 한다.

탐나는 인재는 좋은 소문을 듣고 찾아온다

소문은 가장 가까운 동료에게서 나온다

헤어살롱을 관리할 때 6개월에 한 번씩 메인 파트너를 바꾸는 시스템을 운영했다. 이때 투표로 희망하는 헤어디자이너, 희망하는 파트너를 3지망까지 서로 지명할 수 있도록 한 적이 있다. 매번 투표로 진행하는 것은 아니나 필요한 시점이라고 생각될 경우에는 이 방법을 사용했다.

인기 없는 헤어디자이너나 파트너들은 매칭하기가 쉽지 않았다. 헤어디자이너 중에 유난히 파트너들에게 인기 없는 A헤어디자이너가 있었다. 원치 않는 A헤어디자이너와 매칭이 된다면 파트너를 그만두겠다는 극단적인 경우까지 생겼다. A헤어디자이너와 일해본 적도 없으면서 말이다.

이 A헤어디자이너는 이상하게 본인의 파트너에게는 소홀하게 하면서도 다른 파트너들에게는 웃으면서 잘해주고 공을 들였다. 그래서 이 A헤어디자이너에게 현재의 상황에 대해서 솔직하게 말했다. 앞으로 6개월 동안 본인의 메인 파트너에게만 신경 쓰고, 또 파트너 험담금지령을 내렸다. 본인도 이에 대해 수긍을 했다. 6개월 이후 그녀는 드디어 파트너들이 희망하는 헤어디자이너로 몇 명에게 지명되었다.

메인 파트너로부터 "막상 일해보니 혼낼 때는 혼내도 따뜻하더라", "잘 알려준다"는 좋은 소문이 났던 것이다. 이처럼 나에 대한 평판은 가장 가까운 사람을 통해서 나온다.

미용학과에서는 어떤 헤어살롱을 선호할까?

미용업계에서 인재 영입의 방법으로는 지인 소개, 구인광고, 관련 학과 취업생 등 다양한 경로가 있다. 헤어살롱의 인재 파트너 영입은 미용 관련 고등학교 또는 미용대학교와의 실습, 취업, 교육 등 산학협력 관계로 이루어진다.

학생들은 선택한 헤어살롱으로 현장 실습을 나가거나 취업을 한다. 이후 파트너 과정을 거친 후 헤어디자이너가 된다. 그래서 졸업 후에도 학과 선생님들은 졸업생들과 유대관계를 맺고, 취업 후의 적응과 헤어디자이너로 성장하는 과정을 지켜본다. 그래서 졸업생들은 슬럼프가 오거나 어려움이 생기면 지도교수님과의 상담을 통해 극복하기도 한다. 학교에서는 각 미용업체의 특성을 잘 알고 있다.

취업 희망업체는 본인들이 희망하는 헤어살롱을 우선적으로 추천하고, 스스로 업체를 결정하지 못할 경우 각 브랜드 특성에 맞는 인재를 매칭해 취업성공률과 근무 지속력을 높인다.

미용 관련 학과에서는 당연히 졸업생인 제자들이 헤어디자이너나 리더로 잘 성장하고 있고, 앞으로도 미용인으로서 잘 성장할 수 있는 비전 있는 헤어살롱을 선호한다. 성공한 졸업생들은 미용학과의 자부심이 되고, 후배들은 성공한 선배들을 모델로 삼고 취업을 한다. 매장에 대한 소문은 현재 근무하고 있는 졸업생들에게 듣고 알게 된다. 특히 동아리 선후배들은 명절에 고향에서의 만남, 그들의 커뮤니티를 통해 연락이 지속된다. 그런데 학교와 매장 간의 지속적인 관계 형성이 어려운 경우가 있다. 특히 취업생이 퇴사했다는 사실을 지도교수님이 나중에 알게 될 때이다.

정책적으로 졸업 후 일정 기간의 근무 지속 여부를 파악해야 하는 경우가 있다. 이런 경우 학교에서는 수소문해서 졸업생들을 찾아야 한다. 근무 지속 여부를 떠나 취업생이 매장과 맞지 않을 경우 지도교수님과의 상담을 통해 다른 대안을 마련할 수도 있기 때문이다.

문제가 발생되면 원장은 구성원이 퇴사하기 전에 보이는 전조증상이나, 사후 관리에 대해 상의를 할 수 있다. 그럴 경우 지도교수님들은 퇴사하고자 하는 구성원들에게 객관적으로 상황을 볼 수 있게 해준다. 이를 통해 근무를 지속하기도 하고, 매장을 이동하여 다시 시작해보는 기회를 갖게 된다. 파트너 한 명이 헤어디자이너로 성장하여 사회 구성원으로 성장하는데는 이처럼 학교와 매장의 소통이 중요한 역할을 한다.

내 자식이라면 누구에게 맡길 것인가?

헤어살롱 본사에서 구성원들의 매장 발령에 관여할 때가 있었다. 발령을 지시할 때는 직책에 상관없이 중요한 것이 있다. 구성원을 가장 잘 성장시키고 이끌어줄 수 있는 신뢰가 가는 원장과 매장의 분위기를 고려하여 추천하는 것이다. 인원수를 맞추기 위한 발령이 한 사람의 인생을 좌우할 수 있기 때문이다.

언젠가 "내 자식이라면 어떤 원장, 누구한테 맡길 수 있겠냐?"는 말을 들은 적이 있다. 그러므로 단순히 매장의 인원을 구성하는 문제가 아니다. 간혹 원장들 중에 본인 매장의 구성원들에게는 소홀하거나 그들의 부족한 면만 이야기하는 사람들이 있다. 동료 원장들에게 자기 직원들에 대해 하소연을 한다. 그런데 그 하소연은 돌고 돌아 결국 구성원들의 귀에 들어간다. 그러면 구성원들은 또 원장에 대한 험담을 한다. 이것이 매장의 분위기가 되고, 가고 싶지 않은 매장으로 소문이 나는 악순환이 계속된다. 어떤 리더와 환경에서 성장하느냐는 매출 성과를 떠나 미용인으로서 성숙한 성장을 할 수 있게 하고, 올바른 성공 여부를 결정하는 중요한 일이다.

헤어살롱이 인재양성소로 소문이 나면 인재들이 줄을 서게 될 것이다. 그렇게 되기 위해서는 내부 구성원들이 단단한 인재로 성장하여 소문이 나야 한다. 헤어살롱에서는 인재의 확보와 영입이 성장의 지름길이다.

퇴사하려는 직원의 절반을 잡을 수 있는 비법이 있다

헤어살롱의 자산은 '사람'이다

'사람 욕심'이 있는 헤어살롱에서는 한 명의 파트너이라도 놓치지 않으려고 애를 쓴다. 그래서 퇴사하기로 한 당일까지도 상담을 하고 설득을 한다. 상담하는 시간을 갖는 동안 구성원의 마음이 바뀌어 다시 제자리로 돌아오는 경우가 많기 때문이다.

무작정 퇴사를 막는 것이 아니라 슬럼프가 오거나 그 시기만 잘 보내면 또 성장한다는 것을 알기 때문에 최선을 다해 붙잡는 것이다. 그만두고자 하는 구성원들과 이별하는 것은 어렵지 않다. 그런데 쉽게 사람을 포기하고 보낸다면 매장에 남아 있는 구성원들이 많지 않을 것이다.

가끔 인사팀의 요청으로 퇴사 상담을 할 때면 부담감에 인사팀에 꼭 이 말을 했다. "무조건 붙잡지는 않을 거예요. 만나보고 보내야 할지 잡아야 할지에 대해서 결정할게요"라고 말하지만 상담자를 만나서 대화하다 보면 어느새 필사적으로 설득하게 된다.

잡아야 해서가 아니라 내가 어떤 상담을 하느냐에 따라 한 사람의 미용 인생이 달려 있다는 것을 내 자신이 더 잘 알기 때문이다. '내가 끝까지 최선을 다해 선배로서 상담을 했는가!'를 두고두고 후회하지 않기 위해서이다. 헤어살롱에서 파트너, 관리자, 헤어디자이너, 주방이모 등 어느 한 명도 소중하지 않은 사람이 없다.

매장 관리를 하면서 가장 힘들 때는 '퇴사자'가 생기거나 '퇴사바람'의 조짐이 불 때이다. 리더나 관리자들은 퇴사자 발생 시 인재 유출에 대한 자괴감이 들기 때문에 정신적, 감정적 스트레스가 극심하다. 그렇다면 구성원들의 퇴사 이유는 무엇일까?

슬럼프를 이겨낼 수 있도록 도와라

퇴사와 관련된 몇 가지 기억나는 사례를 들어보면 다음과 같다.

첫 번째 사례는 어느 날 밤 12시에 헤어살롱 영업을 마치고 집으로 돌아와 자려고 누웠을 때 일어났다. 웬일인지 새벽 1시쯤 불길한 예감이 들어서 왠지 매장에 나가보고 싶었다. 아니나 다를까 얼굴 표정이 좋지 않았던 파트너가 개인 드라이기를 챙기면서 짐을 싸고 있었다.

일단 싸던 가방을 두고 그 친구를 데리고 근처 치킨 집으로 갔다. 새벽까지 몇 시간 동안 이런저런 이야기를 나눈 끝에 다시 일해보는 것으로 파트너의 마음을 돌렸다. 상담 결과 미용에 대해 권태로운 상태였다. 일이 익숙해지는 단계가 되면 기술적, 정서적 자극이 없을 때가 찾아온다. 이때를 견디지 못하고 새로운 자극과 변화를 찾아 일을 쉬게 되기도 하고, 이직을 희망하기도 한다.

일이든 사람이든 권태로운 시기가 온다. 그러나 이 권태로움은 다음 성장의 단계로 넘어가기 위해 중간에 잠깐 거쳐 가는 순간일 뿐이다. 그 시기가 지나면 다음 기술로 진입하게 된다. 미용기술은 이렇게 매일 반복되는 하루가 모여 경력과 실력이 쌓이게 된다.

두 번째 사례는 천안에서 서울로 발령받은 지 얼마 되지 않았을 때의 일이다. 한 직원이 무단결근을 했다. 오전 내내 연락이 안 돼서 너무 걱정이 되어서 집주소를 들고 을지로에서 택시를 탔다. 내비게이션이나 구글 맵이 없던 시절이라 내가 "이태원 ○○-○번지로 가주세요"라고 하자, 기사분이 "그렇게 말하면 어떻게 찾아가느냐?"고 크게 화를 냈다.

"그러면 이태원 동사무소에 내려주세요" 하고 일단 동사무소로 들어가서 주소의 위치를 물어봤더니 동사무소 직원이 번지수가 적혀 있는 지도를 복사해주면서 동그라미를 쳐주었다. 겨우 집을 찾아 벨을 누르고 문을 두드렸지만 아무도 나오지 않았다. 몇 시간을 기다렸지만 결국 만나지 못하고 문 앞에 메모만 남겨두고 매장으로 돌아왔다.

돌아오는 길에 '이렇게까지 해야 하나?' 하는 생각에 눈물이 났다. 그런데 그 직원으로부터 저녁에 연락이 왔다. "사실은 저 집에 있었어요. 몇 번 문 두드리다 가실 줄 알았는데 몇 시간 동안이나 기다리셔서 차마 못 나왔어요. 그런데 생각해보니 이렇게까지 저를 만나러 찾아오신 분은 없었어요. 그렇게 생각하니 미안하고 감사했어요"라고 했다.

상담 끝에 이 친구도 다음 날 출근해서 아무 일 없다는 듯 열심히 근무를 했다. 이 파트너와 이야기해본 결과, 일과 사람에 대한 슬럼프가 온 경우였다. 스스로 '이 일을 잘하고 있는지?' '성장하고 있는지?'에 대해 '잘 모르겠다'는 생각이 들었고, 아무도 본인에게 관심이 없다는 것도 속상했다고 했다. 다른 헤어디자이너는 남아서 교육도 해주고 잘 챙겨주는데 자기 담당 헤어디자이너는 일만 시킬 뿐 퍼머를 잘 말았는지, 드라이를 잘못했는지에 대한 피드백도 없어서 다른 동료들과 비교되어 상처받고 있었던 것이다. 이 일을 계기로 헤어디자이너들과 미팅을 통해 파트너들의 관심과 관계에 대한 필요성을 공유했다.

헤어디자이너나 관리자들도 본인이 성장하고 있다는 것을 못 느낄 때, 미래가 보이지 않을 때에 퇴사를 고민하게 된다. 그런데 이런 마음은 평소에 소소한 이야기를 통해 소통할 필요가 있다. 시간을 내서 마주 앉아서 하는 것도 중요하지만 평소에 하는 스몰토크를 자주 하게 되면 어려운 일이나 고민이 있을 때 서로 SOS를 요청하는 관계가 만들어질 수 있다.

포기하지 않게 도와준다면 누구나 인재가 될 수 있다

"한 아이를 키우는데 온 마을의 노력이 필요하다"는 인디언 속담처럼 한 사람의 미용인도 그렇게 탄생한다. 나 역시 선배 리더들의 끈질긴 설득과 인내로 성장한 대표적인 사람이다. 대표님과 7시간 동안 마주앉아 미팅을 한 적도 있고, 퇴사한 후 지방으로 내려갔을 때 1년 후 부사장님이 일산에서 새벽부터 출발해서 아침 일찍 집으로 데리러 오신 적도 있다. 나는 부사장님의 차를 타고 회사에 복귀했다. 지금도 그때를 생각하면 두고두고 감사한 마음이 든다. 헤어살롱의 인재는 특별히 정해져 있는 것이 아니다.

누군가 포기하지 않고 미용인의 길을 갈 수 있도록 끝까지 붙잡아준다면 누구나 인재가 될 수 있다고 생각한다. 지난 18년을 돌이켜보니 나 때문에 그만둔 사람도 있고, 나 때문에 성장한 사람도 있다. 그리고 어쩔 수 없이 보내야만 하는 구성원이 있다면 꼭 아름답게 헤어져야 한다. 그 당시에는 그만두어도 끝까지 붙잡아주었던 기억을 하고 몇 년이 지나서 다시 매장으로 돌아오기도 하고, 본인의 주변인들을 매장에 소개해주기도 한다.

이 밖에도 퇴사 사유는 직원들 간의 갈등, 리더와의 갈등, 업무적 고충, 불만, 매출 저하, 유학, 컴플레인으로 인한 사기 저하 등 다양하다. 수없이 붙잡고 설득하고, 집에 찾아가기도 하고, 비전을 제시하면서 같이 울고 웃는다. 그렇게 흔들림 속에서 본인의 자리를 지켜내면서 헤어디자이너로서 성장하게 된다.

이렇게 헤어살롱의 모든 관리자는 구성원들이 끊임없이 서로의 꿈을 붙잡아 주는 역할을 한다. 누군가 인생에서 나를 끈질기게 붙잡아주었다면 나도 누군가의 인생을 끈질기게 붙잡아주어야 할 의무가 있다. 우리는 서로의 성장과 성공을 돕는 관계이기 때문이다. 사람에 대한 절실함, 절박함, 간절함이 있다면 결국 이 사람들이 모여 커다란 성장을 만들어낸다.

아침조회 분위기로 하루 매출을 이끌어라

헤어살롱에서 아침조회가 꼭 필요한 이유

I헤어살롱 대표님의 비서실장 시절 입사 후 얼마 지나지 않아 대표님께서 책 한 권을 주시더니 전체 매장 교육을 하라고 하셨다. 그 당시 매장 수가 20여 개 정도 되었다. 그 책의 제목은《펄떡이는 물고기처럼》이었다. 나는 정식 강사로 교육을 해본 적이 없었고, 매장에서 아침조회를 진행한 정도라 막막했지만 책을 읽고 내 나름대로 해석하고 준비해서 전체 매장을 두 시간씩 교육을 했다. 지금 생각해보니 겁 없이 많은 사람들 앞에서 교육할 수 있었던 이유는 내가 수년간 관리자로서 하루 시작의 가장 중요한 아침조회를 매일 준비하고 진행했기 때문에 가능한 일이었다.

아침조회는 매장 분위기와 시스템을 유지하는데 꼭 필요한 시간이다. 이 시간을 어떻게 활용하느냐에 따라 리더의 에너지가 전해진다. 아침조회의 긍정적인 에너지는 당일 매출을 높이지만 부정적인 에너지의 아침조회는 업무에 대한 지적, 비판, 훈계로 당일 매출을 저조하게 만든다. 아침조회 시간의 사기 진작 여부에 따라 구성원들의 목표의식과 매출 달성 의지가 달라지기 때문이다.

요즘 헤어살롱들은 평일 아침조회 시간을 줄이거나 주말에만 진행하는 경우도 있다. 안타깝게도 지금 헤어살롱은 조회에 많은 시간을 할애할 수가 없다. 주 52시간 제도의 실시로 영업 준비 시간의 조정이 이루어졌기 때문이다. 그로 인해 각 매장은 아침조회 시간을 통해 활용할 수 있는 사항들을 주로 단체 톡으로 공유한다.

나의 경우 아침조회를 없앤 매장에서 2주 정도를 근무해본 후 아침조회를 다시 부활시킨 적이 있다. 아침조회가 없는 매장은 영업이 준비된 상태를 확인할 수 없었고, 구성원들의 컨디션을 확인하려면 일일이 찾아다녀야 했다. 그리고 무엇보다 고객 집중사항들을 공유할 수가 없고, 에너지 넘치는 분위기를 통한 매출 증진을 유도할 수 없었기 때문이다.

하지만 영업시간을 뒤로 미루고 충분한 조회 시간을 확보하는 것이 어려운 현실이기에 10분 정도의 짧은 시간에 효과적인 진행이 되도록 준비해야 한다.

아침조회를 통해 긍정적인 하루를 시작하라

헤어살롱의 리더는 현재 매장을 운영하는데 최적의 조회 시간이 몇 분인지, 매일 진행할지, 주 1회 특정 요일에 진행해야 할지를 결정해야 한다. 이 당시 내가 구성한 평일 아침조회는 스타일 셀프 체크(헤어, 메이크업, 옷, 표정)를 한 후에 지정 시간에 모인다. 전체가 모이면 서로 마주보면서 안면 근육 풀기나 상호 스트레칭을 통해 분위기를 띄운다. 또는 옆 동료의 장점 찾기 등 가볍게 아이스 브레이킹(ice breaking)으로 시작한다.

조회 프로그램은 다양한 주제가 있다. 매장 집중사항에 따라 '서비스의 진행 사항', '영업 현황 브리핑', '진행되는 이벤트 상황' 등이 공유될 수 있다. 이를 통해 집중사항을 재점검한다. 또 구성원 상호 간에 사소한 소통을 할 수 있는 주제를 주고 한 사람씩 이야기하는 시간을 가질 수 있다. 구성원들이 이야기하는 시간을 반복하면 개인 스피치력이 점점 향상되는 효과도 볼 수 있다.

예를 들어, '어제 기억에 남는 고객은 누구인지 소개하기', '지난주에 근무하면서 도움을 많이 준 동료를 지명하며 Thank you time 갖기', '요즘 관심 있는 것은 무엇인지 공유하기' 등 주제는 셀 수 없다. 매장의 분위기에 따라 주제를 정하면 된다.

아침조회로 팀워크 만드는 법

헤어살롱 영업에서 가장 중요한 것은 '팀워크'이다. 아침조회는 팀워크를 향상시키는 시간이 될 수 있다. 중대형 헤어살롱의 평일은 구성원들의 휴무가 다르므로 모두가 모여서 얼굴을 보는 날은 주말밖에 없다. 많은 인원이 모여서 일하기 때문에 전달 사항도 많지만, 매주 전달 사항만 공유하면 아침조회 분위기가 자칫 삭막해질 수 있다. 그래서 매주 주말은 전 직원이 함께 웃을 수 있는 오락거리나 게임을 진행했다.

게임에 따른 상품 및 경품도 준비한다. 이때 게임은 단독 게임보다 주로 단체 게임을 진행하는데 유치할수록 웃음이 유발된다. 수십 명이 진행하는 '무궁화꽃이 피었습니다', '몸으로 말해요', '몸으로 제로 게임'은 인기 종목이다. '매장 안 보물찾기'도 한다. 매장 곳곳에 미리 다양한 간식거리를 숨겨두고 제한 시간을 주고 찾는 것이다. 때로는 단체로 핸드폰을 꺼내서 부모님 또는 사랑하는 사람한테 '문자 보내기'를 하며 답장 읽어주기를 통해 따뜻한 시간을 갖기도 하고, '동료들과 마주보며 눈으로 말해요', '한 명씩 돌아가면서 손을 잡고 에너지를 주는 멘트하기'를 한다.

일주일 동안 얼굴 한 번 마주할 기회 없이 한 공간에서 일하기에 이런 시간은 중요하다. 특히 주말은 방문 고객 수가 많아서 구성원들은 긴장을 하고 출근한다. 긴장을 완화시키고 양보와 협력이 필요한 주말에 동료들과의 접점은 이 시간을 통해 이루어진다. 이렇게 상호 오픈마인드 상태로 하루를 시작할 수 있게 하는 것이 아침조회이다.

가끔 조회 시간에 리더가 "불편사항이나 매장 개선사항 있으시면 말씀하세요"로 조회를 마무리하는 것을 본 적이 있다. 그런데 이렇게 불편사항이나 개선사항이라고 말하면 구성원들은 부정적인 것을 생각하게 된다. 뇌는 생각에 의해서 부정적인 에너지가 만들어진다. 누군가 불편사항을 말하게 되면 애써 살려놓은 아침조회 분위기가 다시 침체될 수 있다. 그러므로 고충 해결은 마무리 시간이나 또다른 미팅 시간을 활용해 공유하는 것이 좋다. 아침조회를 통해서는 구성원들이 긍정적인 하루를 시작할 수 있도록 독려하고, 그 에너지를 서로 주고받아야 한다.

구성원들을 웃게 하면 매출은 저절로 올라간다

고객은 우리의 얼굴을 보고 있다

헤어살롱에서 리더의 말 한마디와 표정은 구성원들을 웃게 할 수도 있고, 불편하게 할 수도 있다. 구성원들이 고객을 만족시키기 위해 연구하는 것처럼, 리더도 내부 고객인 구성원들을 연구하고 격려 관리가 필요하다.

나는 과거에 웃지 않는 구성원들을 보면 답답하기도 하고 스트레스를 받아서 '왜 저렇게 무표정한 표정으로 귀신처럼 서 있나?'라고 생각해서 "좀 웃어요. 누가 보면 오늘 집에 우환이 있는 줄 알겠네요"라고 미숙하게 말했던 적이 있었다.

헤어디자이너가 시술할 때 뒤에 서서 보조를 하는 파트너의 표정이 뚱하면(거울로 그의 표정이 잘 보인다) 커트를 하면서도 내내 신경

이 쓰인다. 게다가 고객도 거울을 통해서 직원들의 얼굴을 늘 볼 수 있다는 점도 잊지 않아야 한다.

그럴 때 내가 관리자로서 해야 할 일은 무전기를 통해 직원들을 한번 웃게 하는 것이다. 그 방법은 일대일로 이야기해야 할 때도 있고, 전체 구성원이 현재 얼굴 표정을 체크하자는 의미로 무전기를 통해 전달할 때가 있다. 그리고 "왜 웃지 않느냐?"라고 지적하지 않고, 고객과 즐겁게 소통하고 있는 표정이 좋은 구성원을 대상으로 멘트를 해준다.

내가 근무하던 매장 중에 1층은 맥도날드이고, 8층은 요가원인 곳이 있었다. 그때 나는 이렇게 멘트를 했다. "서람 님, 표정이 하회탈보다 더 좋아요", "연서 님, 지금 미소로 입꼬리가 3층 한의원까지 올라갔어요", "8층 요가원까지 올라갔어요"라며 실시간으로 무전을 해서 알렸다.

이 매장에서는 웃지 않고 입꼬리가 내려가 있는 직원이 보이면 무전기로 "태현 님, 지금 맥도날드~ 맥도날드~"라고 얘기하면 본인도 기분 나쁘지 않게 얼른 알아차리고, 구성원들도 이 멘트에 웃으면서 자신의 표정을 확인했다. 이처럼 스스로 시술 중간에 한 번씩 거울을 보고 '스마일 셀프 체크'가 필요하다.

웃지 않는 직원은 어떻게 할 것인가?

그렇다면 구성원들은 이렇게 수시로 관찰하고 체크받는 것을 불편해 할까? 꼭 그런 것만은 아니다. 내가 경험한 바에 의하면, 리더가 어떻게 바라보고 표현하느냐에 따라 구성원들은 건강한 긴장감을 갖는다.

때로는 매장에서 잘 웃지 않는 구성원들이 있다. 그럴 때는 웃지 않는 얼굴 그 자체를 바라보는 것이 아니라 그 사연 속으로 깊숙이 들어가야 할 때도 있다. 일부러 가까이 다가가 일대일로 웃겨주기도 하고, 지적받거나 실수를 해서 얼굴이 굳어져 있다면 "우리 데이트 좀 하고 올게요" 하고 같이 나갔다 온다. 불편한 기분에서 빨리 벗어날 수 있도록 매장 주변을 한 바퀴 돌고 오라고 시간을 주기도 한다.

직원들과의 관계에 어려움이나 개인사의 문제가 원인이었다면 본인이 허용하는 범위에서 깊숙이 들어가서 이야기를 들어주거나 선배로서 상담을 해주기도 해야 한다. 일을 하는 관계를 넘어서 멘토 역할을 하며 이끌어야 한다. 그래야 그 구성원은 점점 웃는 얼굴로 고객을 만나는 날이 늘어가고, 고객에게 인기 있는 미용인으로 성장할 수 있다.

헤어살롱의 관리자라면 개그맨들이 '어떻게 시청자를 즐겁게 할 것인지'의 콘티를 짜는 것처럼 프로그램을 구상해야 한다. 그중에 몇 가지를 소개하자면, 헤어살롱의 인기 아이템인 '마니토 게임(비밀스러운 친구)'을 통해 서로에게 관심을 갖게 한다. 구성원들은 서로 응원의 쪽지를 써서 몰래 마니토의 사물함에 붙여 놓기도 하고, 소소한 선물이나 간식을 넣어놓기도 한다. 상대가 눈치 채지 못하게 바쁠 때 돕기도 한다. 그럴 땐 누가 돕기만 해도 "혹시 내 마니토 아냐?"라고 생각하고, 교란작전을 펴기 위해 마니토인 척 돕기도 하며 서로 행복한 의심을 한다. 큰 비용이나 시간을 들이지 않아도 서로에게 관심을 갖게 하고, 직원들을 미소 짓게 하는 순간들은 바로 이러한 일들이다.

웃음을 만드는 프로그램이 있다

모든 직원이 휴무 없이 출근하는 주말 아침이면 조회 시간에 박카스 같은 피로회복제를 다 같이 들고 "오늘도 에너지 얻고 힘차게 달려보자!"라고 아침 건배를 하고 시작하기도 한다.

어느 때는 퇴근 후 마트에 들러 과일이나 채소를 사 가지고 퇴근한다. 그리고 다음 날 직원들이 출근할 때에 맞춰 서른 잔의 채소과일주스를 갈기 시작한다. 아침 청소 및 준비 시간에 한 잔씩 마시고 시작할 수 있게 하는 것이 내부 고객들을 위한 이벤트이다.

파트너들은 대부분 대학을 마치고 지방에서 올라와 기숙사에서 생활하기에 아침식사를 못 하고 출근한다. 중대형 헤어살롱은 매장에 직원들의 식사와 간식 담당 주방이모가 있지만 주말은 직원들의 식사가 늦어질 수 있다. 이것을 염두에 두어 나는 아침에 베이커리에 들러 산 식빵과 잼 등을 준비해놓고 음료 바에 서 있는다. 그리고 빵을 토스트기에 구워서 잼을 발라 한 명씩 지나갈 때마다 손에 들려준다.

나는 아침에 구성원들이 출근해 음악과 함께 커피와 토스트를 먹는 모습을 보는 것이 좋다. 누군가는 본인의 스타일링을 하고, 또 누군가는 잡지를 보고, 또 누군가는 오늘 고객 예약표를 확인하는 모습은 마치 연극 무대를 준비하는 배우들 같다. 별것 아닌 토스트 한 조각은 집에서 먹을 때는 별맛 없지만 매장에서는 직원들을 웃게 하는 행복의 전령사가 된다.

또 고객이 많은 날 구성원들의 체력이 떨어질 것 같으면 준비실 곳곳에 간식을 세팅해둔다. 인원이 많을 경우에는 가장 바쁜 직원들은 본인의 간식을 챙기지 못하는 경우가 많다. 그런 상황을 방지하기 위해 개인음료에 매직으로 전 직원의 이름을 써서 놓아둔다. 그럴 경우 바로 마시지는 못해도 본인의 이름이 쓰여 있는 챙김을 보고 기분이 좋아지기 때문이다.

한 번은 오픈 매장에서는 '내 가족을 소개합니다'라는 프로그램을 진행했다. 구성원들의 가족들이 처음 오시면 무료로 머리를 시술해드리고, 무전기로 누구의 가족인지 공유하고, 구성원들이 한 명씩 찾아가서 부모님 또는 형제, 자매들과 인사를 나눴다. 나도 이때 미용을 하면서 처음으로 내 가족들과 조카들이 매장에 와서 머리를 했다. 이렇게 가족들 간 서로 인사를 하고 화기애애한 분위기 속에서 매장 구성원들은 친밀해진다.

대형 헤어살롱에서는 직원들이 많기에 가족할인을 제외하고 무료 시술로 운영될 수 없기에 이런 이벤트로 진행하게 되면 구성원들 간에 관계가 돈독해지고 소속감을 갖는 계기가 된다.

헤어살롱은 구성원들의 사기에 따라 매출이 크게 달라진다. 구성원들을 웃게 하는 것은 대단한 방법이나 노하우가 있는 것이 아니다. 사소하지만 서로를 배려하는 마음과 관심을 가지고 웃을 수 있도록 만들어주는 분위기에서 좋은 에너지의 감성이 채워지게 되는 것이다.

4장

단골고객을 만드는 서비스 감성 경영

멤버십 고객 확보로 나의 팬을 만들어라

헤어살롱의 결제 시스템 중에 선불제도가 있다. 각 헤어살롱마다 '멤버십', '정액권', '회원권'이라는 명칭으로 보통 30만 원부터 50만 원, 100만 원 등의 선불권이 판매된다. 고객은 선불금액에 따른 할인 또는 적립금의 혜택을 받을 수 있다. 선불금액권을 구매하고 이후 헤어 시술 시 선불금액에서 차감을 하는 시스템이다.

멤버십은 책임감이다

멤버십 제도를 통해 헤어살롱에서는 고객에 대한 책임감이 더 높아지고 신뢰관계를 쌓게 된다. 고객은 만족하지 않으면 언제든지 떠날 수 있다는 것도 멤버십의 재연장과 환불을 통해서 더 명확히 알 수 있게 되어 오히려 고객에 대해 소홀하지 않으려는 긴장감을 놓지 않게 된다.

나는 10년 전 헤어살롱 선불권 시스템에 대해 처음 접하게 되었다. 그 당시 피부관리실에서도 선불제도가 있었다. 그런데 피부관리실은 주기적인 관리로 언제 가겠다는 예약이 있으니까 회원권 구매가 당연하다고 생각했다.

그러나 헤어살롱에 대해서는 '언제 펌머 하러 올지 모르는데 어떻게 고액을 미리 결제하고 갈 수 있지?'라고 생각했다. 그런데 고객들은 선불제도에 대한 혜택과 설명을 듣고는 자연스럽게 고액의 선불권을 구매했다. 그 당시 100만 원을 미리 결제하는 고객들을 보고 문화적 충격을 받았다.

물론 초창기 헤어살롱에서 선불제도가 시행되고 얼마 되지 않아 야기되는 문제점도 있었다. 헤어디자이너 입장에서는 하루 종일 바쁘게 일했는데 일일 마감을 해보면 당일 결제내역이 없으니 '무료 시술' 고객으로 일한 것 같은 허무함을 느꼈다. 선불 고객들도 "내가 결제를 할 때는 신경 써주고 잘해주더니, 나중에는 소홀하게 대하는 것 같다"는 불쾌감을 토로하기도 했다.

이런 문제점은 헤어디자이너들에게 선불고객에 대한 의식 및 마인드 교육이 꾸준히 이루어져서 지금은 고객들이 느끼는 '선불제도로 인한 소홀함에 대한 불만족' 컴플레인은 나오지 않는다. 10년이 지난 지금 이 시점에서는 선불제도를 활용해 멤버십 고객들을 많이 확보한 헤어디자이너들은 지명고객 수와 방문 빈도 매출 성과가 높게 나타나는 것을 확인하게 되었다.

이를 통해 헤어디자이너와 고객에게 선불제도가 어떤 긍정적인 영향을 미치는지 살펴볼 수 있었다.

멤버십 제도가 고객에게 미치는 긍정적 영향

고객에게 멤버십 제도가 긍정적인 이유는 다음 3가지 때문이다.

첫째, 담당 헤어디자이너가 고객의 두피 모발에 대한 특징을 주기적으로 파악할 수 있게 해준다. 그리고 헤어 시술 이력 관리를 통해 적합한 약제 선정과 손상을 줄일 수 있는 시술을 받을 수 있게 해준다. 고객의 선호 취향과 스타일을 알기 때문에 희망하는 헤어스타일을 디자인할 수 있고, 모질을 판단하는데 있어 시행착오가 적을 수 있다.

둘째, 담당 고객의 모발에 대한 책임감과 고객의 연간 헤어 스타일을 미리 계획할 수 있으며 제안할 수 있다.

셋째, 고객은 헤어살롱에 자주 올수록 예뻐진다. 연예인들의 피부가 빛나고 머릿결이 좋은 이유는 수시로 관리를 받기 때문이다. 고객 또한 멤버십이 있으면 더 쉽게 더 자주 헤어살롱에 방문해 관리를 통해 스타일이 좋아진다.

멤버십 제도가 헤어디자이너에게 미치는 긍정적 영향

헤어살롱의 멤버십 제도가 헤어디자이너에게 긍정적으로 미치는 영향은 다음 6가지이다.

첫째, 멤버십 고객은 헤어디자이너가 본인의 '팬을 얼마나 확보하고 있느냐'를 파악할 수 있게 한다. 고객이 나를 담당 헤어디자이너로서 믿고 신뢰하기에 고객의 돈을 미리 맡길 수 있는 것이다. '어떻게 50만 원, 100만 원을 쉽게 맡길 수 있을까?' 고객들은 부자들이어서가 아니다. 고객이 돈을 맡긴다는 것은 헤어 시술 및 서비스에 대한 '만족'과 다음에도 지명하겠다는 의사 표현이다.

고객은 만족하지 않으면 재방문 의사도 없기 때문에 할인을 받지 않고 정가에 결제를 하면 그만이다. 할인과 적립 때문에 마음에도 없는 고액의 선불권을 구입하지는 않는다. 팬이 된 고객들 중에는 담당 헤어디자이너가 승진 매출을 달성해야 할 때도 본인의 담당 헤어디자이너를 지지해주기 위해 선불잔액이 많이 남아 있음에도 불구하고 신규 선불금액을 결제하는 분들이 적지 않다. 이것을 통해 헤어디자이너와 고객 간에 형성된 두터운 신뢰관계를 예측하게 된다.

둘째, 일반 고객보다 멤버십 고객의 방문 주기가 짧다. 고객은 오늘 머리를 하고 싶은데 경제 사정의 변동이 있어 계획된 헤어 시술을 다음 주나 다음 달로 미룰 수 있다. 그러나 멤버십 고객은 선불금액을 지불해놓았기에 당일 결제에 대한 부담이 없어 머리를 하고 싶을 때 바로 찾아올 수 있는 계기가 된다.

셋째, 미련 없이 떠날 수 있는 고객으로부터 한 번 더 시술할 기회를 얻을 수 있다. 헤어 시술을 하고 고객이 마음에 들어 하지 않는 경우가 있다. 이 경우 멤버십이 없는 고객은 다른 헤어살롱으로 이탈할 확률이 높다. 그러나 멤버십 잔액이 남아 있는 고객은 재방문하게 되고 헤어디자이너는 이 기회를 통해 고객의 의견을 듣고 다시 시술할 수 있게 된다. 또 헤어디자이너나 시술이 마음에 들지 않는다고 환불을 요구하는 경우가 있을 수 있다. 이럴 경우에 매장의 다른 헤어디자이너에게 멤버십을 사용할 수 있도록 제안하면 고객이 매장에서 이탈될 확률을 줄일 수 있게 된다.

넷째, 고객에게 멤버십 구입 금액에 해당하는 할인 혜택을 줄 수 있다. 고객이 지속적으로 헤어살롱을 찾아오는 것에 대한 감사로 할인 혜택은 매장에서 고객에게 줄 수 있는 선물이다.

다섯째, 고객의 객단가가 상승한다. 고객이 희망하는 헤어스타일을 만들기 위해 복합 시술이 필요할 수 있다. 이런 시술에 대한 당일 결제 부담이 적어 고객은 의사결정을 빠르게 한다.

여섯째, 헤어디자이너의 매출 상승으로 수입이 높아진다. 멤버십의 이용은 가족들이 같이 사용할 수 있다. 뿔뿔이 각기 다른 헤어살롱으로 흩어질 수 있는 가족 고객을 확보할 수 있다. 고객은 내가 근무하는 헤어살롱의 문을 열고 들어오기 전까지 수많은 미용실을 지나쳐온다. 일상 속에서도 헤어살롱에 오는 동안에도 SNS를 통해서 타 헤어살롱의 이벤트 전단지 문구 속 더 큰 할인의 유혹, 지인의 소개, 신규 매장의 오픈 혜택 등 많은 유혹이 있다.

그럼에도 불구하고 멤버십이 있기에 담당 헤어디자이너를 찾아오게 된다. 팬 고객을 많이 확보하는 것은 멤버십의 힘이다. 그러나 고객의 신뢰와 돈을 맡아두는 멤버십에는 책임감과 긴장감이 따른다. 긴장감을 유지한다는 것은 고객의 만족을 높이기 위해 동력으로 활용할 수 있다. 안정된 고객 수와 매출이 발생할 수 있는 멤버십의 확보는 매출을 일으키는 자원이 된다.

평생고객을 만드는 비밀

헤어살롱의 평생고객이란

우리가 만나는 평생고객은 한 달에 한 번 또는 두세 달 만에 한 번씩 주기적으로 만난다. 어쩌면 친척이나 멀리 사는 자식보다도 자주 만나서 서로의 소식을 주고받는 관계이다. 그리고 결혼식, 돌잔치, 면접, 상견례, 졸업식 등 고객이 가장 행복하고 중요한 순간을 함께 보낸다.

헤어디자이너가 변함없이 그 자리를 지키고 있다면 고객의 20대 시절부터 50대를 넘어서는 세월을 같이 보낸다. 그 세월 속에서 헤어디자인을 넘어 서로의 연애시절에서 결혼으로 그리고 갱년기를 함께 맞이하면서 감정까지 오롯이 소통하게 된다.

어느 날 50대 여성 고객이 고급스러운 보자기를 소중히 품에 안

아 들고 매장에 오셨다. 곧 결혼을 앞둔 헤어디자이너 실장의 결혼 선물을 전해주시러 일부러 들른 것이다. 그 고객은 실장의 신입 헤어디자이너 시절에 만나 15년이나 된 고객이었다.

나는 매장 한쪽에 서서 그 모습을 바라보았다. 선물을 전해주는 고객의 모습, 감사함에 어쩔 줄 몰라 하는 실장의 상기된 얼굴 표정과 두 손을 마주잡고 대화를 나누는 모습에서 관계의 깊이에 대해서 가늠해보았다. 나는 그 모습을 보면서 '저 고객님은 참 좋으시겠다. 머리할 때마다 어디로 가야 할지 방황하지 않고 찾아갈 수 있는 전속 헤어디자이너가 있으시구나!', '저 실장은 미용을 하는 것이 보람되겠다'라는 부러운 마음이 들었다.

평생고객과의 관계의 깊이에 대하여

두 번째 평생 고객 이야기는 이렇다. 한 50대 원장님이 청담동에서 크게 운영하던 헤어살롱이 부도가 나서 다시 작게 오픈을 했다. 그런데 제주도에 사시는 20년 된 고객이 원장이 차 없이 다닌다는 소식을 듣고 본인의 차를 배에 실어 보내주셨다는 것이다. 세상에나 제주도에서 본인 차를 보내주다! 정말 감동스러웠다.

지금도 프로페셔널한 이 원장님이 그동안 어떻게 고객을 만났을지 상상이 된다. 고객과 신뢰관계를 넘어 의리가 느껴져 존경심마저 들었다. 이 이야기를 들으면서 '평생고객'과 '평생 헤어디자이너'의 관계에 대해 생각해보았다.

매장에서 고객과 대화를 나누거나 인사를 할 때 헤어디자이너로부터 종종 이런 소개를 받는다. "이 고객님은 저하고 15년 된 분이세요", "17년 된 분이세요." 이에 고객들은 "내가 이 원장님 처음 헤어디자이너 됐을 때부터 따라다니는 거예요", "우리가 언제 만났더라, 결혼하기 전이니깐 벌써 20년 전이네요." 또는 "이 고객님은 대전으로 이사 가셨는데 머리 하러 KTX 타고 오시는 분이세요", "이 분은 미국으로 유학 가셨는데 방학 때마다 저한테 먼저 오세요." 그야말로 우리는 몇 년 된 관계라는 말 속에 세월의 흐름이 자부심으로 느껴진다.

하지만 오래 만나온 고객만이 평생고객이라는 것은 아니다. '오늘 만난 고객은 앞으로 나의 평생고객이 된다'는 사실을 잊지 않아야 한다. 오늘 만난 신규고객은 지금까지 마음에 드는 평생 헤어디자이너를 못 만났거나 또 어떤 헤어디자이너의 평생고객이었다가 다양한 이유로 당신을 찾아왔을 수 있다. 그리고 당신의 오랜 평생고객도 다른 미용실에 가보게 된다는 것을 기억해야 한다. 영원히 평생고객이라고 안심해서는 안 된다.

평생고객도 끊임없는 관심과 관리가 필요하다

평생고객을 관리하는 방법으로는 첫째 헤어살롱의 VIP인 평생고객의 연간 방문 횟수, 연간 사용금액, 누적 방문 횟수 등을 콘셉트를 가지고 고객 관리를 할 필요가 있다.

나는 경력자 원장들에게 "10년 이상 된 평생고객이 몇 분 있으세요?"라고 질문을 한 적이 있다. "글쎄요…… 한 60~70명?", "나는 50

명 정도 될 것 같은데요?", "정확히 체크해보지는 않아서 확실하지는 않네요"라고 대답했다.

이것은 안타깝게도 평생고객에 대해 고마움은 있지만 직접 마음을 표현하거나 몇 명인지에 대한 평생고객 데이터 관리를 하지 않는 것이다. 백화점 VIP고객들이 프라이드를 갖고 충성고객이 되는 것은 특별한 관리를 받기 때문이다.

전에는 평생고객이었는데 지금 오지 않는 고객이 있다면 '잃어버린 평생고객'에 대해 생각해봐야 한다. 가끔 매장에서 '그분이 오실 때가 됐는데……'라고 생각하면 신기하게도 고객이 텔레파시가 통한 것처럼 매장에 딱 와서 "어머, 그렇지 않아도 고객님 생각했어요"라고 말하기도 했다. 과거에는 이렇게 기다리기만 해도 고객 유지가 되었다.

오지 않는 고객 중에는 머리가 마음에 안 들어서가 아니라 어쩌면 지난번 시술 과정에서 소홀함을 느끼고 서운한 마음이 든 것일 수도 있다. 헤어디자이너가 고객과 익숙한 사이일수록 '바쁜 상황을 이해해주겠지'라고 착각할 때가 있다. 그러나 고객은 언제든지 다른 선택을 할 수 있다. 더군다나 고객이 한참을 가지 않아도 담당 헤어디자이너가 무관심하다면 고객은 한 번 더 서운한 마음이 든다. 그럴 경우 매장에 멤버십이나 회원권의 잔액이 있음에도 불구하고 오지 않게 된다. 고객의 입장에서는 '내가 그렇게 오래 다녔는데 연락도 없는 걸 보니 나를 중요하게 생각하지 않는구나!'라고 생각하기 때문이다. 그런데 고객에게 관심을 가지고 연락해 고객이 내심 서운했거나 불편한 마음을 솔직히 털어놓고 다시 찾아오는 경우가 있다. 나는 이것을 '잃어버린 고객을 되찾기'라고 표현한다.

언제나 고객과는 '설렘'으로 만나야 한다. 오래된 연인끼리도 편안함 속에서 권태기가 온다. 평생고객이 느끼는 헤어스타일 권태기가 있다. 헤어스타일 권태기란 다른 스타일로 바꿔서 기분전환을 하고 싶은데 평생 헤어디자이너는 늘 해주던 스타일과 익숙한 서비스를 한다. 이럴 경우 신선한 자극이 없어 지겨워지는 권태기가 온다.

평생고객을 만들고 유지하는 것은 쉬운 일이 아니다. 그럼에도 불구하고 평생고객을 확보한 헤어디자이너들이 있다. 아직도 내 주변에는 헤어디자이너를 소개해달라고 하는 사람들이 많다. 이들은 기꺼이 누군가의 평생고객이 될 준비가 되어 있다. 안정적으로 쌓인 평생고객은 매출을 달성하는 자양분이 될 수 있다.

고객이 가장 원하는 니즈를 커뮤니케이션하라

커뮤니케이션은 사람들끼리 서로 생각, 느낌 등의 정보를 주고받는 일이다. 말이나 글, 그 밖의 소리, 몸짓, 표정 등으로 이루어진다. '커뮤니케이션이 원활하다'는 것은 서로의 감정과 생각이 오고가고 있다는 것이다.

헤어살롱에서는 고객과 원활한 소통을 하는 구성원들이 고객만족도와 성과가 높은 것을 볼 수 있다. 기술력만큼이나 중요한 '상담력'이 이에 해당한다. 고객과의 상담에서 '긍정언어로 표현하기', '공감대 형성하기', '고민 충분히 듣기'는 고객과의 소통에서 효과적이었던 나만의 3가지 방식이다. 이 내용을 사례를 통해 소개하고자 한다.

긍정적 표현은 고객의 마음을 연다

헤어디자이너 시절 '커뮤니케이션의 효과'와 관련 있는 기억나는 고객이 있다. 나에게 배정된 고객은 세련된 50대 중반의 여성이었다. 이 고객은 반포에 다니는 헤어살롱이 있는데 급한 일이 있어서 우리 매장에 오게 되었다. 얼굴에는 '어디 한번 잘하는지 두고 보겠다!'라는 표정이 역력했다.

사실 나는 부원장으로 머리를 하면서 일했지만 주로 관리 업무를 했고, 특히나 '쇼트커트'는 자신이 없었다. 그런 상황이었기에 속으로는 많이 긴장을 했지만, 나의 주특기인 상담을 하면서 손이 아닌 입으로 기술을 표현하여 사전 커트를 시작했다. 우선 고객의 현재 헤어스타일을 칭찬하는 멘트로 시작했다.

"고객님, 지금 헤어스타일이 고객님과 조화롭게 잘 어울리세요. 수준이 높은 고급 헤어살롱에 다니셨군요. 제 생각에는 지금 디자인을 유지하셔도 좋을 것 같아요. 모발이 길어져서 볼륨이 처져 있으니 탑 부분의 볼륨을 살리는 정도로 다듬으면 어떨까요? 네이프 부분은 목선이 길어 보이도록 디자인할게요. (뒷거울로 보여주면서) 이 정도 길이 괜찮으세요? 그리고 고객님은 모발이 가늘어서 숱가위를 사용하지 않을 거예요. '춉(chop) 테크닉'으로 질감을 표현해드릴게요"라고 하며(일부 고객은 숱가위보다 가위만으로 커트하는 것을 선호하기에 이 부분을 무기로 강조했다.) 조마조마한 마음으로 커트를 했지만 나의 얼굴 표정만큼은 베테랑이었기에 전혀 표시가 나지는 않았다.

고객은 커트 후 "너무 마음에 들어요. 드디어 내가 찾던 헤어디자이너를 일산에서 딱 만났네요"라고 하셨다. 나는 속으로 깜짝 놀랐다. 사실은 바닥에 커트되어 떨어진 머리카락이 거의 없었기 때문이다. 이후 그녀는 남편과 자녀분들을 소개해주셨다. 고백하자면 나는 '마음 커트 전문가'로서 고객과 커뮤니케이션했던 것이다.

공감과 칭찬으로 소통하라

얼마 전 SNS에 올라온 글 중에 '내 돈 내고 들어가서 혼나고 나오는 곳은 미용실과 점집'뿐이라는 내용을 보았다. 헤어살롱에서 고객들이 가장 많이 듣는 이야기가 "어우~ 모발이 많이 상하셨네요. 클리닉 좀 하셔야겠어요"라는 말이다. 고객에게 이런 표현은 자칫 모발 관리를 안 한다는 비난으로 들린다. 심지어 헤어디자이너한테 혼나는 느낌이 든다고 한다.

이미 많은 고객은 본인의 모발 손상에 대해 인지하고 있다. 그래서 나는 고객의 손상된 모발에 대해 표현할 때 이렇게 말한다. "모발이 손상되었다는 것은 그만큼 헤어스타일을 즐기신다는 거예요. 퍼머나 염색을 다양하게 즐기시니 얼마나 트렌디하세요. 손상은 관리하시면 되니깐 걱정하지 않으셔도 돼요"라고 한다. 그럼 고객은 "어머, 그래요?"라고 웃으면서 수긍한다. (물론 모발을 방치해서 손상된 경우도 있지만 이런 표현은 고객의 자존심을 상하지 않게 하는 배려이다.)

나는 "그럼요. 손상을 두려워하면 멋져질 수가 없어요. 저희는 모발 손상이 고객님보다 더 심해요. 샴푸할 때 손가락도 잘 들어가지 않아요. 매일 드라이하고, 염색도 자주 하니깐요." 그러면 고객이 "그렇게 손상되어 보이지 않는데요?"라고 말한다. 그럴 때는 "그나마 이 정도라도 모발을 유지할 수 있는 것은 트리트먼트를 듬뿍 열심히 바르고 드라이할 때는 열 보호되는 에센스를 꼭 발라요. 저희는 오히려 시간이 없어서 클리닉을 자주 받지 못하거든요. 지금부터 관리해주시면 스타일에 윤기까지 나니깐 더 매력적이죠"라고 이야기한다. 또 다른 예로 간혹 모발 숱이 많거나 긴 머리 고객의 경우 머리를 말리거나 믹스 펌머(매직 스트레이트+웨이브 펌머) 시술을 할 때 미안한 마음을 표현하시면서 "저는 미용실 올 때마다 눈치 보이고 죄송해요. 팔 많이 아프시죠?"라고 물을 때가 있다.

그럴 때 나는 "어머나, 제 팔 걱정해주셔서 감사해요. 전혀 팔 안 아파요. 그리고 숱이 많으신 건 정말 축복받으신 거니깐 염려마세요. 나중에는 친구분들이 제일 부러워할 거예요. 저희는 숱이 많은 분들이 완성도가 높아서 뿌듯해요. 펌머를 하고 나면 말려주기만 해도 글램스럽고 우아하답니다. 기대하세요"라고 말한다.

이처럼 고객과 손상 모발에 대한 공감대 형성과 긍정적인 표현으로도 열린 대화를 할 수 있게 된다.

신규고객과의 커뮤니케이션은 '경청'에서 시작된다

신규고객과 커뮤니케이션할 때는 '헤어살롱을 바꾸게 된 동기'를 반드시 질문해야 한다. 이전 헤어살롱에 대해 만족하지 못했거나, 특별히 불편사항은 없었지만 다시 찾아갈 만한 매력이 없어서 새로운 헤어살롱을 찾는 경우가 있기 때문이다. 그래서 신규고객과 상담을 할 때 이전 헤어살롱에서 시술이나 서비스에 불편했던 점, 특히 좋았던 부분에 대해 질문을 하면 고객들은 그들의 경험과 생각을 솔직하게 털어놓는다.

예를 들어 "담당 헤어디자이너가 그만두었어요. 따라가고 싶었는데 너무 멀어서 계속 갈 수가 없었어요"라는 경우가 있다. 헤어디자이너를 따라가고 싶었을 만큼 만족했던 부분이 무엇인지를 질문하면 고객이 중요하게 생각하는 것을 파악할 수 있다. 또 담당 헤어디자이너가 자주 바뀌는 것에 대한 스트레스가 있는 고객의 경우는 매장에 오랫동안 근무하고 있으면서 고객들의 지지를 얻고 있는 헤어디자이너를 소개해주어 신뢰를 준다.

또 고객들 중에는 "제가 좋아하지 않는 헤어스타일인데 극구 본인 마음대로 해서 저하고는 스타일이 안 맞아서 불편했어요"라는 표현을 한다. 이것은 소통이 아니라 불통의 결과다.

단골고객의 경우도 이전 시술에 대한 손질 불편 여부를 소통할 필요가 있다. 고객의 재방문을 이전 스타일에 대해 '백퍼센트 만족했구나!'라고 지레짐작하기보다는 '주변 사람들의 반응은 어땠는지, 손질하는 것이 어땠는지, 만족스러웠던 부분은 어떤 부분이었는지'를 확인해야 한다. 담당 헤어디자이너가 이전과 동일한 디자인의 커트를 했어도 고객은 손질하면서 미묘한 차이를 느낄 수 있기 때문이다.

'이번 커트는 한쪽이 더 뻗쳐서 불편한데'라고 생각하지만 손질이 어땠는지를 물어보지 않으면 고객들의 속마음을 알기 어렵다.

고객의 마음을 헤아리는 상담 질문은 고객의 입을 열게 한다. 커뮤니케이션은 고객의 마음까지 열어 매출을 향상시킬 수 있는 중요한 힌트가 될 수 있다.

고객의 입점은 전화응대에서부터 시작된다

전화응대 롤플레잉이 필요하다

헤어살롱의 예약 시술 영업이 활성화됨에 따라 과거에 비해 전화 접객 빈도가 늘어났다. 전화예약 이외에도 온라인을 통한 예약 진행이 확대되고 있으나 여전히 전화응대는 헤어살롱의 주요 업무이다. 어떻게 고객의 전화를 응대하느냐에 따라 매장에 대한 이미지가 다르게 느껴질 수 있다. 그래서 헤어살롱은 고객이 직접 매장으로 걸어들어올 때가 고객 방문의 시작이 아니라 전화벨이 울리는 그 순간부터 고객의 방문이라고 생각해야 한다.

고객 전화응대는 전체 구성원이 할 수 있다. 중대형 헤어살롱은 주로 데스크 담당 매니저가 전화응대를 하지만 멀티플레이 문화의 확대로 구성원들 누구라도 전화를 받게 된다. 그런데 헤어살롱에서 멀티플레이는 이루어지고 있으나 서비스의 기본인 '전화응대 매너'를 교육하지 않은 매장이 꽤 된다. 이럴 경우 데스크에 구성원들이 몰려 있어도 서로 전화 받기를 미루며 두려워한다.

전화를 자주 받지 않기 때문에 전화응대에 자신이 없고, 본인이 받은 전화예약에 문제가 생길까 봐 기피하는 것이다. 그러므로 '전화응대 롤플레잉'을 통해 기본적인 멘트, 주차, 매장 위치 안내 등 고객이 자주 묻는 질문에 대한 교육이 필요하다. 특히 구성원의 입사 및 이동이 빈번할 경우 고객의 문의사항, 컴플레인 응대와 관련된 사례들이 추가적으로 발생되기 때문에 이를 공유할 필요가 있다.

고객을 당기는 전화응대 vs 고객을 밀어내는 전화응대

전화응대에서 가장 중요한 것은 '말투'이다. 고객은 매장의 상황을 자신의 눈으로 보지 못하고 귀로만 정보를 전달 받는다. 그래서 말투에 따라 상대방의 상황이나 감정을 판단하고 호감이나 비호감의 감정을 갖게 된다.

이와 관련된 첫 번째 사례는 이렇다. 관리자 중에 유독 전화 컴플레인이 빈번히 발생하는 관리자가 있었다. 이 관리자는 경력도 있고 심성이 따뜻한 사람이었지만 전화예약을 하거나 전화로 문의하는 고객들은 그에 대한 불편을 호소했다. 심지어 매장에 와서 담당 헤어디자이너나 파트너한테 "도대체 전화 받는 사람이 누구인지, 전화할 때마다 기분이 상한다. 여기는 교육도 따로 안 하느냐?"고 했다는 것이다. 고객들의 반복되는 컴플레인으로 급기야 구성원들은 ○○관리자님 전화 받지 않게 해달라는 사태가 발생했다.

'대체 이 관리자의 무엇이 문제일까?'를 살펴보았다. 첫 번째 문제는 특유의 센 억양과 말투로 "예약이 안 된다"라고 말했을 때 고객에게는 그것이 단호한 거절로 들렸던 것이다. 두 번째 문제는 급하고 빠른 말의 속도 때문에 현재 바쁘다는 상황을 전달하는데 급급하고, 중간에 고객의 말을 가로채 대답을 하여 전화를 빨리 끊고 싶어 하는 인상을 주었던 것이다. 그래서 고객은 더 문의하거나 원하는 시간대에 예약하기가 불편했던 것이다.

그래서 이 관리자에게 3가지를 제안했다. '고객의 이야기를 끝까지 듣고 말의 내용을 요약해 확인하는 방법으로 말하도록 연습하는 것'과 '말투에 부드러움이 느껴지도록 미소 짓는 상태로 말하는 것'을 제안했다. 그리고 마무리 멘트로 고객에게 '더 필요한 문의사항은 없는지를 확인'하도록 했다. 이런 피드백을 하기 위해서 책임관리자는 구성원들이 전화를 받을 때 옆에 서서 응대 멘트를 잘 들어봐야 한다. 그때 말이 빠르면 속도를 조절하라는 손짓으로 알려주거나 메모해두고 전화를 마친 후 설명해준다. 또 신입의 경우 선배 관리자나 직원들이 전화응대를 할 때 옆에 서서 전화 내용에 귀 기울이도록 하면 전화 문의에 대한 다양한 사례를 빠르게 습득할 수 있다.

두 번째 전화응대 사례는 주말 당일 예약과 관련하여 마음이 상한 고객의 경우이다. 헤어살롱에서 주말은 고객 수가 많아 당일 예약고객의 시간을 정확히 맞추기가 어렵다. 당일방문시술과 예약시술제를 병행할 경우 당일 방문 고객은 대기하고 있다가 헤어디자이너가 가능한 시간에 시술을 한다.

그런데 어느 토요일, 고객에게 한 통의 전화가 왔다. 전화 내용은 오늘 샴푸 예약을 하고 싶다는 것이었다. 전화를 받은 직원은 주말은 당일 예약이 안 된다는 원칙을 얘기했는데 갑자기 고객이 화를 내면서 전화를 끊었다는 것이다. 이 고객은 한 헤어디자이너의 단골고객이었다. 상황을 설명 들은 헤어디자이너는 고객에게 직접 전화를 해서 주말에 당일예약이 어려운 자초지종을 설명했고, 고객에게 당일 샴푸를 하러 나올 수 있도록 안내했다. 고객은 눈 수술로 샴푸가 어려운 상황이라 미용실에서 꼭 샴푸가 필요한 상황이었다. 그런데 고객은 "내가 펌머를 안 하고 샴푸만 하겠다고 해서 예약을 안 받고 무시하는구나!"라고 생각을 했다는 것이다.

원칙을 지키는 것을 중요하지만 고객에게 충분한 소통으로 서로의 상황을 이해하고 매장에서 대기할 수 있도록 제안하는 것은 결코 어려운 일이 아니었다. 담당 헤어디자이너는 샴푸를 하러 찾아온 고객의 마음을 풀어주려고 노력했다. 눈 수술로 세안이 어렵다는 것을 알고 본인의 사물함에 있는 개인 클렌징 티슈를 선물했다. 고객은 서운한 마음을 풀고 오히려 화를 낸 것을 미안해했다.

갈까 말까 망설이는 고객을 전화응대로 확 끌어당겨라

전문적이고 친절한 전화응대로도 '갈까 말까'를 고민하는 고객을 강하게 끌어당길 수 있다. 예를 들자면 이런 경우이다. 담당 헤어디자이너가 휴무인 것을 모르고 당일 시술 전화를 했거나, 시술 요금

문의를 하는 고객을 말한다. '담당 헤어디자이너가 오늘 휴무라면 다음에 예약할 수 있게 안내해야 하는 것 아닌가?'라고 생각할 수 있겠지만, 고객과 통화를 해보면 지명 헤어디자이너한테만 시술하는 고객이 있고, 오늘 꼭 머리를 하고 싶거나 머리를 해야만 하는 고객은 전화를 끊고 다른 헤어살롱으로 가는 경우가 있기 때문이다.

이럴 경우 전화를 한 고객에게 "그동안 고객님의 시술 이력을 잘 알고 있기 때문에 괜찮으시다면 고객님과 딱 맞는 헤어디자이너를 소개해주겠다"는 적극적인 응대와 함께 담당 헤어디자이너를 한 명 더 만나는 것에 대한 이점을 안내해 고객을 오늘 매장으로 올 수 있도록 끌어당기는 것이다. 이 방법은 매장에 방문한 고객의 담당 헤어디자이너 부재 시에도 전화응대만으로도 충분히 가능하다.

이렇게 진행하기 위해서는 구성원들과 운영 시스템에 대해 소통할 필요가 있다. 휴무인 헤어디자이너가 "왜 내 담당 고객을 다른 헤어디자이너와 연결시켜줬느냐?"라고 불평할 수도 있기 때문에 이유를 설명해야만 한다. 당일 시술하고 싶었던 고객은 다른 헤어살롱에 가서 시술한 머리가 마음에 들어서 영영 우리 헤어살롱에 돌아오지 않을 수 있지만 우리 매장에서 시술을 한 고객은 담당 헤어디자이너한테 다시 돌아오는 확률이 높고, 전체적으로 매장 고객이탈율도 낮아진다는 것을 공유해야 할 필요가 있다. 고객이 직접 온라인으로 예약하는 시대이기도 하지만 연령층이 높은 고객들은 여전히 전화예약을 통해 헤어살롱과 소통한다는 사실을 잊지 말아야 한다.

높아지는 고객의 연령에 맞게 공부하라

고령화 시대를 맞아 헤어살롱에서 우리가 만나는 고객들의 연령이 점점 높아지고 있다. 특히 헤어디자이너들이 20~30대 초반인 경우에는 시니어 고객의 '호르몬 변화', '두피와 모발의 변화', '감성적 공감'에 대한 연구가 필요하다.

30대 헤어디자이너와 이런 이야기를 한 적이 있다. "제 고객님 중에 60대 후반 여성분이신데 드라이를 하기 전에 꼭 헤어롤을 말아서 열기구로 열처리를 해달라고 요청하시는 분이 있어요. 드라이만으로는 원하는 상태의 디자인이 아니래요. 예전에는 그 말이 무슨 뜻인 줄 몰랐는데 시니어 고객이 많은 지역으로 이동해보니 지금은 그 고객이 원하던 풍성한 헤어롤 스타일의 느낌을 알겠어요"라고 했다. 대화를 하던 우리는 "그렇지. 그 고객님이 드라이를 한 세월이 우리가 미용을 한 세월보다 길지. 그래서 시니어 고객들이 원하는 느낌을 찾는 것이 중요하지"라는 이야기를 했다.

이제 고령화 시대를 맞아 헤어살롱도 그들에 대해 공부해야 한다. 그들은 다음 3가지 큰 특징이 있다. 시니어 고객을 사로잡는 3가지 포인트는 다음과 같다.

고객의 여성호르몬 변화를 이해하라

시니어 고객 중에는 갱년기 증상으로 여름이 아니어도 땀을 많이 흘리는 고객이 있다. 또 '추웠다 더웠다'가 반복되면서 얼굴이 빨갛게 상기되기도 한다. 그런데 고객의 컨디션을 모르고 매장에 오자마자 가운을 입히고 어깨 위에 수건과 퍼머 보를 한 상태로 열처리를 한다.

그럴 때면 가끔 고객은 시술 중에 덥다고 퍼머 보를 빼달라고 요청한다. 이럴 경우는 퍼머 보를 빼고 손 선풍기를 드리는 배려가 필요하다. 그리고 시원한 석류주스를 준비해 권하는 것도 좋다. 석류에는 천연 에스트로겐인 엘라그산 성분이 있어 두통, 홍조, 불면증에 효과가 있기 때문이다.

이때 고객에게 "석류주스에는 항산화 성분이 많아서 피부미용에 좋아요"라고 권한다면 고객은 센스와 배려를 느낄 수 있다. 시니어 고객의 연령대를 감안하면 그들의 컨디션은 누구나 충분히 예측할 수 있다.

또 시니어 고객들은 감정적으로 우울과 불면을 겪을 수 있어서 헤어살롱으로 기분 전환을 위해 오기도 한다. 그리고 자녀들이 직장생활로 바쁘거나 떨어져 있는 경우 집에서 대화할 대상과 시간이 적어 외로움을 느끼기도 한다. 그런 고객과 에너지를 회복할 수 있는 주제인 기억에 남는 여행, 자녀나 손자 등에 관한 대화를 나누면 행복했던 경험을 말하면서 긍정적인 마음과 웃는 얼굴로 표정이 바뀌는 것을 볼 수 있다.

두피와 모발에 대한 고민이 20~30대와는 다르다

헤어디자이너가 근무한 매장이 젊은 연령대가 주 고객층이었다가 시니어 고객이 주 고객층인 매장으로 이동하게 되면 고객과의 대화 주제, 고민사항, 모질에 대한 판단 및 시술 방법에 대해 어려움을 겪을 수 있다. 이런 간극을 줄이기 위해서는 시간적 여유가 생길 때마다 같은 매장에 근무하는 선배 헤어디자이너나 시니어 고객이 많은 헤어디자이너를 도우면서 최대한 많은 경험을 쌓으면 좋다.

젊은층 고객은 주로 모발의 푸석거림이나 손상의 개선이 우선인 반면에, 시니어 고객들은 가늘어지는 모발, 정수리 탈모, 볼륨, 건조, 탄력 개선이 고민이다. 노화로 인해 두피의 탄력이 떨어져 두피 모공의 입구가 늘어나고, 그로 인해 볼륨이 살지 않게 된다. 혈액순환 저하로 모발은 점점 가늘어지고 정수리의 숱이 적어진다. 고객의 두피 상태를 확인한 헤어디자이너는 이런 현상과 정보를 고객에게 알려주어야 두피 노화를 예방할 수 있다.

헤어살롱에서는 주로 모발 트리트먼트 위주로 제안하지만, 나는 시니어 고객에게 '두피 트리트먼트가 필수'라는 것을 강조한다. 헤어디자이너는 헤어스타일로 젊어 보일 수 있도록 디자인해줄 수 있지만, 건강한 모발과 두피 환경을 만드는 것은 고객의 뷰티 습관도 중요하기 때문이다. 실제로 시니어는 현재 헤어살롱에서 두피와 모발 관리에 가장 적극적인 고객층이기도 하다.

고객의 라이프스타일에 맞게 소통하라

젊은 헤어디자이너는 시니어 고객과의 대화는 공감이라는 표현보다는 소통이 더 적합한 것 같다. 아직 본인이 이 연령대를 경험해보지 않았기 때문이다. 오히려 자신의 부모님, 이모, 주변 선배 헤어디자이너로부터 보고 들은 경험을 바탕으로 고객과 소통하는 것이 자연스럽다.

예를 들어, 시니어 고객들의 카카오톡 배경화면은 대개 손녀, 손자들 사진이나 풍경, 꽃 사진이 많다. 그래서일까, 매장에 꽃을 사두면 감탄하고 사진을 찍는 분들도 시니어 고객이다. 언제부턴가 우리 엄마의 취미는 화분 기르기가 되었다. 시골집 베란다에 화분이 하나씩 늘어나더니 지금은 베란다를 가득 채웠다.

이처럼 시니어 고객의 관심사가 식물이라면 식물에 대한 지식이 필요하듯이 고객들의 관심사가 무엇인지 공부를 해야 대화가 지속될 수 있다. 그러기 위해 간접 경험하기에 좋은 것이 분야별 잡지이다. 주로 젊은층의 헤어디자이너들은 잡지를 볼 때 패션, 헤어, 액세서리 위주로 보는데, 시니어 고객을 알려면 여성지의 헤어스타일과 패션 등을 봐야 한다. 그리고 사진만 보지 말고 꼭 잡지의 내용, 즉 기사를 읽어보길 추천한다. 〈주부생활〉, 〈레이디경향〉, 〈여성동아〉 등 여성잡지를 통해 사회적 관심사, 자녀 교육에 대한 정보, 뷰티 트렌드, 연령대별 선호 브랜드의 정보를 얻을 수 있다. 〈행복이 가득한집〉, 〈메종〉 등의 잡지는 인테리어, 소품, 집에 연관된 정보를 얻기에 적합하다.

시니어 고객들은 성형 시술에 관심이 많고 효과적인 프티 시술에 대한 정보를 얻기를 희망한다. 젊은 고객층의 관심사는 주로 성형, 윤곽주사, 보톡스, 화이트닝 시술이다. 30대 후반 이후에는 리프팅, 팔자주름, 안검 하수, 지방 재배치 등과 관련된 시술을 하고 관심을 갖는다. 이런 트렌드 시술 정보에 대한 대화를 통해서 고객들의 미적 욕구를 파악할 수 있다.

지금 액티브 시니어(active senior)들이 소비의 중추적인 역할을 하고 있다. 액티브 시니어 고객의 니즈를 만족시키고 고객을 확보하는 것이 헤어살롱 매출을 증대할 수 있는 핵심이 될 수 있다.

서비스 태도가 헤어살롱의 성공 여부를 결정한다

서비스 태도를 결정하는 것은 언어만이 아니다. '메라비언의 법칙(the law of Mehrabian)'에 따르면, 4초 이내에 첫인상의 80%가 결정되고, 30~40초 내에 좋은 점과 나쁜 점이 결정되어 그 사람에 대한 감정이 형성된다. 이때 시각적 요소가 55%, 청각적 요소가 38%, 말의 내용은 7%밖에 차지하지 않는다.

고객의 마음을 여는 환영과 환대란?

헤어살롱에서 고객을 만날 때 기분 좋은 서비스 매너는 무엇일까?

첫째, 헤어살롱도 입점 시 응대가 첫인상을 결정한다. 우리는 반가운 사람이 오면 '버선발로 뛰어나간다'고 표현한다. 우리 매장에 오는 고객은 가장 반가운 손님이다. 고객을 '환영의 인사'와 '환대의 표정'으로 맞이해야 한다. 이것은 얼굴 표정, 목소리 톤과 크기, 말의 속도, 인사, 자세, 태도로 표현된다. 특히 신규고객의 경우 입구에서부터 환대를 받게 되면 '내가 이 헤어살롱에 오길 잘했구나!'라고 생각하며 편안함을 느끼고 안심하게 된다.

가끔 매장에서 내가 고객을 맞이하는 모습을 보는 구성원들은 "저분 아시는 분이세요?"라고 물을 때가 있다. "저도 오늘 처음 만난 분인데요"라고 대답하면, 고객과 반갑게 인사를 하고 얘기를 나눠서 지인인 줄 알았다는 것이다.

짧은 시간이라도 고객이 매장에 낯설음을 느끼지 않도록 환대하면 친밀한 관계를 맺을 수 있다. 그렇게 관계를 맺으면 고객이 매장에서 겪은 불편이나 만족하지 못한 부분을 관리자인 나에게 편하게 말해서 해결해줄 수 있게 된다. 입점 시 환대를 받은 고객은 이어서 만나는 헤어디자이너에게 기대하는 마음과 열린 마음을 갖게 된다. 그러나 반대로 입점 시 첫 만남에서 불쾌한 마음이 들었다면 헤어디자이너는 고객의 마음을 열기 위해 힘을 배로 써야 한다. 고객을 맞이하는 구성원의 서비스 태도는 이렇게 서로 연결된다.

둘째, 퍼스널 시대에 맞춰 인사도 고객에 따라 다르게 표현할 필요가 있다. 고객의 개인 특성과 친분에 따라 반갑게 달려가서 맞이할 수도 있고, 정중히 인사할 수도 있고, 손을 맞잡고 인사할 수도 있다. 하지만 누구나 인사에 대한 기본적인 매너는 갖춰야 한다.

신규고객이 배정되면 자기소개를 하는 것은 기본적인 서비스 매너이다. 헤어디자이너는 대기석에 앉아 있는 고객에게 밝은 얼굴로 다가가 정중하고 밝게 "안녕하세요(또는 처음 뵙겠습니다.). 오늘 고객님을 담당할 헤어디자이너 연서입니다"라고 인사를 함으로써 고객에게 신뢰감을 줄 수 있다.

또 고객을 배웅할 때 바빠서 입구까지 나가지 못하는 경우에는 고개만 까딱 인사하는 것이 아니라 잠시 3초만 하던 일을 멈추고 자리에서 몸을 돌려 정중히 배웅 인사를 하거나 감사 표현을 하는 것이 좋다. 이러한 서비스 태도에 따라 고객은 존중받는다는 느낌을 받는다.

유쾌하게 만드는 서비스 vs 불쾌하게 만드는 서비스

데스크의 서비스 응대 태도가 고객의 기분을 얼마나 좌우하는가에 대해 내가 자주 가는 두 곳의 사우나 이야기를 통해 말하고자 한다.

한 곳은 작은 목욕탕이지만 언제 가도 기분이 좋다. 환하게 웃는 얼굴로 친절히 맞이해주는 데스크 직원 덕분이다. 이분과 열쇠를 주고받는 시간은 1분도 채 걸리지 않지만 그 짧은 시간에도 날씨가 추우면 "오늘 밖이 너무 춥지요?"라면서 인사를 한다.

이어 사우나 안으로 들어가면 매점 직원분이 있다. 나는 "사장님, 커피 진하게 설탕 없이요"라고 주문한다. 그러면 "네! 진하게 설탕 없이 맛있게 타 드릴게요"라고 하면서 언제나 싱글벙글하시며 주신다. 나도 그런 응대에 지폐를 펴서 두 손으로 공손하게 드린다.

사우나 직원들은 교대근무로 바뀌지만 어떤 직원을 만나도 따뜻함이 느껴진다. '모두들 엄마 연세 정도 되는 분들인데, 여기는 직원

분들이 다 같이 서비스 교육을 받으시는 걸까?'라는 생각과 함께 존중하는 마음이 저절로 드는 곳이다.

반면에 노천탕이 있는 사우나는 갈 때마다 늘 불쾌한 마음이 든다. 그것은 데스크를 담당하는 한 직원의 서비스 태도 때문이다. 그 직원은 입으로는 "어서 오세요"라고 말하지만 언제나 싸늘한 얼굴 표정에 수건을 줄 때마다 툭 집어던지듯이 준다. 처음 겪었을 때는 황당해서 '어? 이게 뭐지?'라고 생각했다.

그래서 어떤 날은 일부러 먼저 밝게 인사도 해보았다. 그래도 그 직원은 변함없이 수건을 툭 던지듯이 주었다. '수건을 왜 이렇게 주지? 데스크 위에 올려놔 주면 되는데.' 나는 소심해서 그 자리에서는 차마 말하지 못하고 목욕하는 동안 속으로 불쾌한 마음에 별별 생각을 다했다.

'나갈 때 한번 물어볼까? 혹시 저한테 불편하신 거 있으셨어요? 제가 던지듯 주는 수건 때문에 마음이 상해서요.' '아님 나도 다음에 계산할 때 카드를 던지듯 줘볼까? 그리고 그분이 기분 나쁘다고 말하면, 제 마음도 수건 던져주실 때마다 항상 불편했어요, 하고 그분이 상대방의 입장을 경험해보도록 할까?' 등등 소심한 복수까지 생각했다.

훌륭한 시설임에도 가기 전에 늘 망설여지는 것은 데스크 직원의 서비스 태도 때문이다. 업종마다 점점 기계가 대신하는 서비스들이 늘어가고 있다. 때로는 이렇게 불편한 상황보다는 비대면 접촉이 편할 때도 있다고 생각한다. 지금 시대의 고객들은 직원이 낮은 자세로 해주는 서비스를 원하는 것이 아니다. 서로 동등한 위치에서 따뜻하고 배려 있는 서비스를 원한다. 그것이 기계가 대신할 수 없는 헤어살롱의 가치이다.

서비스 음료도 가치있게 디자인하라

고객은 커피와 함께 헤어살롱의 감성을 마신다

태국의 북쪽인 치앙마이에 간 적이 있다. 카페가 발달한 곳으로 어떤 카페를 가든지 차와 음료가 예술이라 말할 정도였다. 이곳에 머무는 동안 매일 아침 올드 시티에 있는 '그라프 카페'에 갔다. 커피 한잔이 식사보다 더 비싼 곳임에도 불구하고 현지인과 관광객들로 아침 일찍부터 줄을 서야 했다. 이곳에서는 커피를 내어줄 때 개인용 원목 쟁반 위에 주문한 커피와 커피 프로필 사진을 찍은 엽서를 같이 올려주었다. 커피 종류에 따라 사용되는 컵의 모양이 달랐고, 메뉴에 따라 라임이나 꽃잎으로 장식되어 있었다.

나는 '커피 한잔에 위로를 받는다는 것이 바로 이런 느낌이구나!' 하는 생각이 들어 헤어살롱의 음료 서비스에 대해 연관지어 생각해보았다. 국내 헤어살롱에서는 다양한 서비스가 이루어진다. 헤어살롱의 요금 정책 또는 서비스 운영 콘셉트에 따라 음료의 메뉴 및 서비스 제공 유무가 다를 수 있다.

서비스 음료는 고객의 감성을 사로잡는 요소로 활용할 수 있다. 고객이 음료 때문에 헤어살롱에 오는 것은 아니지만, 이왕이면 준비된 음료가 맛있고, 보기 좋게 서비스된다면 음료 한 잔으로도 고객은 기분이 좋아질 수 있기 때문이다.

헤어살롱의 기본 음료 메뉴에 매월 한두 가지의 '이벤트 음료'를 준비한다. 이벤트 음료 메뉴는 계절이나 효능 목적에 따라 '이달의 추천 음료'가 될 수 있다.

고객에게 음료 메뉴를 선택하게 하라

헤어살롱에 방문하면 고객이 대기석에서 기다리는 동안 음료를 권한다. 음료를 주문받을 때 준비된 음료 메뉴판을 보여주는 매장과 음료 메뉴판 없이 구두로 "음료는 어떤 걸로 드릴까요?"라고 묻는 헤어살롱이 있다.

그런데 메뉴판을 보여주지 않을 경우 어떤 음료가 준비되어 있는지 알 수가 없다. 일반적으로 커피는 준비되어 있지만 커피를 마시고 싶지 않을 경우에는 어떤 음료가 있는지 직원에게 다시 물어보게 된다. "혹시 어떤 음료가 있나요?" 그때서야 직원은 메뉴판을 보여주거나 읊어준다. "커피, 녹차, 둥굴레차, 오렌지주스가 있습니다." 이 정도 준비되어 있거나 더 많은 메뉴가 준비된 곳도 있다.

그런데 다양하게 준비된 메뉴가 있음에도 불구하고 음료 메뉴판이 없기 때문에 구성원들은 주로 음료를 간략히 제안한다. 다양한 음료 서비스가 헤어살롱의 콘셉트인 경우 고객이 서비스를 최대한 즐길 수 있는 효과를 얻지 못하게 되어서 안타까울 때가 있다. 준비한 음료 메뉴가 많고 적음과 관계없이 고객에게 음료를 권할 경우 "고객님, 기다리시는 동안 음료나 차를 준비해드리겠습니다"라는 말에 이어서 "음료 메뉴입니다. (메뉴판을 보여드리며) 어떤 음료로 준비해드릴까요?"라는 멘트로 안내한다면 좀 더 적극적인 음료 서비스 응대가 될 수 있다.

서비스 음료에 스토리와 아이디어를 담아라

내가 매장에서 근무할 때 매장에 금귤나무가 한 그루 있었다. 금귤이 나뭇가지에 매달려 있는 것은 탱탱했지만 바닥에 떨어져 있는 것들은 수분이 없어 쭈글쭈글해졌다. 나는 이 금귤을 고객과 구성원들에게 보여주고 수분과 노화의 연관성에 대해 설명했다. 그리고는 고객들이 물을 많이 마실 수 있도록 레몬 한 조각을 물에 띄워 '레몬워터 권하기'를 한 적이 있다. 그러자 고객들은 화들짝 놀라며 "어머, 그러네요. 물 많이 마셔야겠어요"라며 보약처럼 레몬수를 마셨다.

이렇게 고객에게 물을 한 잔 권하면서도 자연스럽게 피부와 두피, 모발과 건조의 연관성으로 대화거리가 된다. 얇게 썬 레몬 한 조각이지만 고객들은 헤어살롱에서 어떤 마음으로 준비했는지에 대한 설명을 통해서 레몬수 한 잔에도 의미를 두고 행복해 했다.

생수를 원할 경우에는 그냥 물보다 '비타민 워터'를 권한다. '우리 헤어살롱에서는 물 한 잔도 뷰티를 생각해서 드린다'는 의미이다. 비타민 워터는 음료병에 오이, 자몽, 레몬 등을 얇게 썰어서 물을 채운 후 음료 바에 준비해놓는다. 이렇게 하면 수용성 비타민이 물에 녹아서 피부에 항산화 효과를 주고 시각적인 만족과 상큼함이 전달된다.

계절 음료일 경우 여름에는 '아이스 페퍼민트 차'를 준비해서 잔에 민트 잎을 한두 개 띄운다. 식용 민트는 작은 화분으로 판매가 되므로 저가에 구비해놓을 수 있으며 잎이 빨리 자라서 필요할 때마다 잎을 따서 사용하면 된다.

고객이 헤어살롱에서 만큼은 두피와 모발 건강에 효과적인 차를 마실 수 있도록 '어성초차', '구기자차' 등을 준비하는 것이 좋다.

많은 헤어살롱에서는 이보다 더한 준비를 해놓고 고객을 만나고 있다. 원장들은 시간이 없는 와중에도 유기농 과일청까지 직접 만들어서 준비한다. 정성으로 만든 차에 감성 스토리와 아이디어가 들어간다면 오직 우리 헤어살롱에만 있는 특별한 음료 메뉴가 된다.

음료에 맞는 옷을 입히자

그다음 체크해야 할 사항은 음료나 차에 어울리는 음료수 잔에 서비스해야 한다는 것이다. 나는 유명 프랜차이즈 카페에 가서 아이스커피와 프라푸치노를 큰 사이즈로 주문했다. 그런데 아이스 음료인 프라푸치노를 도자기 머그잔에 빨대를 꽂아서 내주었다. 순간 일행들과 나는 당황했다. 큰 사이즈의 머그컵으로 마시는 아이스커피는 마치 한약을 한 사발 받아서 마시는 기분이었다. 이런 경우 나는 "양복 입고 고무신 신은 것 같다"라는 표현을 한다. 이렇게 '어떤 컵에 담겨지느냐'에 따라 음료의 맛이나 서비스 품질이 다르게 느껴진다.

또한 음료 받침용 쟁반 상태를 점검해야 한다. 매장 음료 받침대의 상태가 오래되어 칠이 벗겨져 있지는 않은지, 혹시 머리카락이 있지는 않은지, 끈적이지는 않은지 살펴봐야 한다. 음료를 서비스할 때는 쟁반과 컵의 물기를 닦아서 서비스해야 한다.

헤어살롱이 카페는 아니다. 그러나 국내 헤어살롱에서는 카페 이상의 훌륭한 서비스를 제공하는 곳이 많다. 이렇게 국내 헤어살롱은 고객들이 즐길 수 있는 충분한 이유와 가치가 있는 곳이 된다.

샴푸의 힘으로 매출 상승의 씨앗을 뿌려라

헤어살롱에서 기분 좋은 경험이라는 것

헤어살롱의 대표적인 상품 중 하나는 '샴푸 기술'이다. 고객이 오늘 누구에게, 어떤 샴푸를 받았는지에 따라 헤어살롱 시술만족도에 영향을 끼치게 된다. 헤어살롱에서는 고객을 만나는 시작과 마무리에는 언제나 샴푸가 있다. 그래서 샴푸는 헤어살롱의 최고의 무기이자 경쟁력이다.

각 헤어살롱에는 샴푸 교육 매뉴얼이 있다. 샴푸의 기본 교육은 물 온도 체크부터 샴푸 테크닉, 멘트, 경혈점에 따른 지압 테크닉을 훈련한다. 구성원들은 샴푸를 하면서 고객의 두상과 모발의 손상 정도를 파악하게 된다.

그렇다면 샴푸 매뉴얼대로 똑같이 교육받은 샴푸 기술이 왜 사람에 따라 다른 것일까? 그것이 바로 샴푸의 경쟁력에 해당하는 개인의 역량인 것이다.

개인의 손맛, 정성, 배려가 느껴지는 샴푸는 고객을 사로잡는 핵심기술이 된다. 고객의 입장에서 받아본 샴푸 중에 감동받은 경험이 있거나 기억에 남은 사람이 있는지 생각해봐야 한다. 반대로 헤어살롱의 구성원으로서 내 샴푸에 대해 고객은 얼마나 만족하는지를 확인해야 한다.

기분 좋은 샴푸는 현란한 테크닉이 전부가 아니다. 고객의 지친 일상의 고단함을 치유할 수 있을 정도로 섬세하고 정성스러운 느낌을 손바닥과 손끝으로 전달하는 '손의 마력'이다. 나는 고객의 입장으로 샴푸를 받아볼 때 샴푸를 해주는 직원의 미래를 예측할 수 있다. 파트너 때부터 고객에게 정성을 다하고 기본을 소홀히 하지 않는 태도가 습관이 되면 헤어디자이너가 되어서도 고객에게 최선을 다하기 때문이다.

샴푸 과정을 디테일하게 단계화하라

놀라운 힘을 가진 샴푸를 제대로 전략적으로 제공하려면 디테일하게 단계별로 세분화하는 것이 좋다. 그래야 각 단계별로 서비스를 최고의 수준으로 관리할 수 있다. 샴푸는 다음 4단계로 진행하면 좋다.

1단계: 샴푸실에 고객이 누운 후 불편함이 있는지 확인한다

목 받침이 움직이거나 위치가 맞지 않으면 불편한 상태에서 샴푸를 받게 된다. 그다음은 페이스커버를 사용하여 고객의 얼굴을 보호해준다. 페이스커버는 얼굴에 샴푸나 물이 튈 때 얼굴을 보호하고, 대화 시 구성원의 침이 튀거나 숨결로 인한 불편을 방지해준다. 대체로 일반수건, 페이스 타월, 페이스 페이퍼, 안대 등을 사용한다.

그런데 이런 역할을 하는 페이스커버가 오히려 불편할 때가 있다. 그것은 얼굴에 일반수건을 올렸을 경우이다. 잘 마르지 않은 상태의 수건 냄새, 직원 주방과 건조기가 같이 있을 경우 수건에 음식 냄새가 배기도 하므로 유의해야 한다.

2단계: 고객에 맞는 물 온도를 체크한 후 모발에 물을 충분히 적신다

충분한 물을 모발에 적시지 않는 상태에서 샴푸를 하면 거품이 나지 않아 샴푸를 필요 이상으로 도포하게 된다. 이러면 샴푸 사용량이 늘어날 뿐만 아니라 환경도 오염이 된다. 그리고 거품이 충분히 일어나지 않게 되므로 모발 표면에 손상을 주게 된다.

3단계: 샴푸 테크닉과 지압을 진행할 때 고객이 원하는 힘의 세기로 한다

직원의 입장에서는 최선을 다해서 샴푸를 하는 것이지만 현란한 테크닉과 고객의 두피를 과도하게 마찰하여 몹시 아픈 경우가 있다. 이것은 손가락 끝에만 국소적으로 힘을 주는 경우로 고객도 두피가 아프고, 시술자도 손가락 관절에 무리가 간다. 손의 힘을 조절하여 두피에서 부드럽게 연결이 되어야 한다.

고객이 희망하는 지압의 세기를 확인하고 조절해야 한다. 고객의 두피 상태, 스트레스 정도, 두피의 경화 정도에 따라 두피가 시원할 수도 있고 아프기도 하다. 그래서 시원하게 지압한다고 경혈점을 무조건 세게 누르는 것은 피해야 한다.

4단계: 깨끗한 마무리 헹굼과 목 뒷부분까지 말끔하게 닦아준다

고객은 마무리 헹굼을 통해 깨끗하고 꼼꼼하게 헹궈주려고 하는지 아닌지를 느낄 수 있다. 특히 정수리는 의외로 덜 헹궈질 수 있기 때문에 마무리 단계에서 한 번 더 깨끗하게 헹궈주도록 한다. 특히, 염색 고객의 경우 컷바퀴 안에 염모제가 남아 있을 수 있다. 이 부분을 확인해야 한다. 마지막으로 고객의 모발을 닦은 후에는 목 뒷부분을 말끔히 닦아주어야 한다. 펴머 보나 어깨 위 수건이 물에 젖어서 축축한 상태일 수 있기에 이 부분을 다시 한 번 말끔히 닦아준다.

고객이 샴푸실에 누웠을 때 두 다리가 양쪽으로 벌어져 경직되지 않았다면 몸의 긴장이 풀려 편안한 상태가 된 것이다. 샴푸실에서 고객과의 커뮤니케이션은 손으로 주는 진정성으로 전달이 된다. 샴푸를 받은 고객이 '깜빡 잠들었다'는 표현을 할 때 나는 희열을 느낀다.

당신은 고객에게 샴푸 받고 싶다고 지명 받고 있는가? 샴푸 후 고객의 환한 미소를 확인하는가? 샴푸는 에너지가 많이 드는 기술이다. 그리고 그만큼 나의 에너지가 전달된다. 디테일한 배려가 있는 샴푸의 힘은 고객에게 당신의 진정성을 전달한다.

팁을 받기 위해 목숨 걸어라

해외에서 팁은 그들의 문화로 당연하게 받아들이지만, 사실 우리나라의 경우 팁을 주는 것이 모든 고객의 의무사항은 아니다. 그렇기 때문에 오히려 고객이 팁으로 고마움을 표현하는 것으로 고객 만족도를 파악할 수 있다.

고객의 인정을 받고 마음까지 사로잡아라

헤어살롱에서는 고객이 시술 요금을 지불했음에도 요금 이외에 다양한 방식의 팁으로 고객의 마음을 표현하고 있다.

고객이 표현하는 다양한 방식의 팁은 감사의 인사로 두 손에 꼭 쥐어주는 현금에서부터 식사 시간을 놓친 것을 알고는 사다주는 빵이 되기도 한다. 헤어살롱에 오실 때 집에서 담근 잘 익은 김치를 양

손에 무겁게 들고 오기도 한다. 때론 마당에서 따온 복숭아를 가져오기도 하고, 해외여행지에서 생각이 났다면서 기념품을 챙겨 오신다. 해외에서도 나를 생각했다니 그것만으로도 정말 감사한 일이다. 그렇게 고객은 자신의 마음을 되돌려준다.

그래서 나는 '팁을 얼마나 자주 받는가?'를 중요하게 생각한다. 팁은 곧 '인정'과 '감사'의 표현이기 때문이다. 목표는 팁을 받는 것이지만, 목적은 고객의 행복한 경험의 순간을 만들어주자는 것이다.

고객의 팁을 기록하고 공유하라

고객의 인정과 마음을 사로잡는 방법도 노력해야 할 필요가 있다. 그 방법 중에 한 가지를 소개하자면 각자 받은 팁을 기록하고 공유하는 것이다.

'팁 오브 더 베스트(tip of the best)'라는 직원 이벤트를 기획했다. 이렇게 이벤트를 진행해야 구성원들 간의 서비스 온도 차이를 줄일 수 있다. 서비스도 기술과 마찬가지로 연습하고 개발해야 업그레이드될 수 있다.

팁 이벤트를 구체적으로 살펴보면 이렇다. 일정한 이벤트 기간을 정해 '팁의 총 금액'과 '팁 받은 총 횟수'라는 두 가지 형태로 랭킹을 매긴다. 또한 1회에 받은 금액도 기록해야 한다. 그 방법으로는 팁이 발생하면 데스크에서 스티커를 부착해준다. 스티커를 부착하고 무전기로 내용을 공유하여 구성원 전원에게 이벤트의 진행에 대해 인지할 수 있도록 중간 체크를 한다. 누적된 사항은 월말 매장 경영회의 시간에 직원 이벤트 부문 시상식을 진행하게 된다.

'팁 오브 더 베스트'가 진행되던 어느 날이었다. 커트를 한 남성 고객이 커트비와 별도로 10만 원의 팁을 준 경우가 있었다. 커트비의 무려 네 배에 해당하는 금액이었다. 우리의 공유사항은 "어떻게 고객이 10만 원이 주고 싶은 마음이 생겼을까?"였다. 그 비밀은 파트너의 '마법의 샴푸'에 있었다. "뜨거운 물을 손에 적셔 목 뒷부분을 수차례 반복적으로 감싸주기에 스트레스로 경직된 상태가 풀렸는데 샴푸가 끝나 일어나 파트너에게 고맙다는 말을 하려고 보니 손이 빨갛게 되어 있는 걸 보고 깜짝 놀랐고 감동을 받았다"는 이야기를 듣게 되었다.

팁에 목적을 두는 것이 아니라 이렇게 고객을 진심으로 대하는 미용인들이 많다는 것이다. 팁은 돈의 가치로 환산할 수 없다. 직접 담은 김치를 들고 오는 그 마음에 어떻게 가격을 매길 수 있겠는가. 팁은 고객의 마음을 사로잡지 않으면 절대 나올 수가 없다. 때로는 고객에게 잘해주지 못했는데도 팁을 받게 될 때가 있다. 이럴 때는 얼굴이 화끈거리고 부끄러운 마음이 든다. 그리고 앞으로는 더 잘해야겠다는 마음이 든다.

특히 신입 파트너들은 팁을 받게 되면 자신감이 생긴다. 고객을 대하는 일이 익숙하지 않아 어려웠는데 "잘하고 있어요"라고 격려받는 것 같기 때문이다. 나는 매장 관리자로 일할 때 신입 파트너나 실습생들에게 가끔 동기부여를 해주기 위해 5,000원이나 1만 원 정도를 손에 쥐어주면서 좀 전에 가신 고객이 전해주라고 했다면서 내 돈을 주기도 했다. 그러면 신입 파트너들 중에는 울먹이는 사람이 있다. 그들에게 그것은 돈을 넘어서 미용인으로 첫발을 내딛는 현장에서의 인정으로 자존감을 올려주기 때문이다.

팁은 고객의 마음이다

우리는 어떤 서비스를 받을 때 팁을 주게 되고, 어떤 서비스를 할 때 고객들의 팁이 절로 나오게 될까? 내가 자주 가는 사우나에는 목욕하는 사람의 때를 밀어주는 세신사분들이 있다. 그중에서 유독 인기 있는 이모는 '빨간 팬티' 세신사분이다. 그 사우나에서는 고객들이 세신사 이모들을 쉽게 기억할 수 있도록 속옷 컬러로 지명을 한다. 일명 '빨간 팬티' 세신사 이모는 운이 좋아야 예약할 수 있다. 그만큼 경쟁이 치열하다.

세신은 기술이기도 하지만, 사람과 사람이 가장 많은 터치를 하는 일이다. 그래서 세신사분들의 노하우나 손길에 따라서 만족도가 크게 달라진다. 그래서 어떤 세신사를 만나느냐에 따라 세신을 받는 시간이 편안하기도 하고, 도리어 스트레스를 받기도 한다.

'빨간 팬티' 이모가 인기 있는 이유는 세신 기술도 좋지만, 뭉쳐 있는 곳을 귀신같이 더 마사지해주고, 또 뭉친 곳을 풀어주면서 친이모처럼 따뜻하게 위로해준다. "아이고, 세상에 젊은 아가씨 어깨가 돌덩이처럼 뭉쳤네. 얼마나 아프겠어." 그러면서 뭉친 어깨에 시원해지는 제품을 발라서 좀 더 신경 써서 풀어준다.

세신 요금은 대체로 현금으로 지불된다. 요금이 3만 5,000원이면 고객들은 5만 원을 낸다. 나머지는 팁이다. 고객들은 기본 금액보다 훨씬 많은 팁을 준다. 그리고 음료까지 사다드린다. 이 세신사의 자리에는 늘 음료가 쌓여 있다.

우리는 내 주머니를 저절로 열게 하는 곳이 어디인지 다양한 서비스를 경험하며 느낄 수 있어야 한다. 주머니를 열게 하는 곳은 음식점일 수도, 네일숍일 수도, 자주 가는 병원일 수도 있다. 매 순간 일상에서 만나는 서비스 경험을 통해 그들이 어떻게 대해줄 때 지갑을 열고 싶은 마음이 드는가를 경험해야 한다. 헤어살롱에서 유독 팁이 많이 나오는 구성원들이 있다. 그들의 행동을 분석해보자. 분명히 고객과 함께하는 그들만의 노하우가 녹아 있다. 고객에게 팁을 많이 받는다는 것은 매 순간 감동의 접점이 있다는 것이다.

5장

매출을 극대화하는 새로운 아이디어

남성 고객의 뷰티 시장에는 수익 창출 아이디어들이 넘친다

그루밍족을 사로잡아라

남성 고객의 높아진 뷰티 의식은 백화점이나 드러그스토어에서의 구매율과 매출 증가로 이어져 뷰티 시장이 점점 확대되고 있다. 이런 추세로 뷰티업계에서는 남성 고객들의 특성을 고려해 그들이 매장에 별도로 설치된 공간에서 자유롭게 제품들을 테스트해보고 선택할 수 있는 체험 공간을 만들고 있다.

남성 고객을 확보하기 위해서는 남성 뷰티 시장에 대한 연구가 필요하다. 현재 헤어살롱의 경우 남성 고객은 전체 고객의 절반 이상을 차지할 만큼 비중이 크다. 과거에는 주로 남성들은 커트 위주였기에 '시술 매출이 낮다'는 이유로 헤어디자이너 중에는 "저는 왜 남성 고객만 배정해주나요?"라고 불만을 표현하기도 했다.

그런데 요즘은 남성 고객이 차지하는 매출과 커트 외 시술 비중은 여성 고객들 못지않다. 어떤 날은 여성 고객보다 더 많은 수의 남성 고객들이 염색이나 파마를 하고 앉아 있는 진풍경도 심심치 않게 볼 수 있다.

남성 고객의 경우 방문주기가 여성 고객보다 훨씬 빠르다. 롱 헤어 여성 고객이 열펌을 할 경우 6개월 후에나 재방문할 수 있다. 그러나 남성 고객은 파마를 해도 주기적인 커트 시술이 이루어질 경우 커트 외 파마 등 복합 시술로 연간 10회 이상의 재방문고객이 될 수 있다. 또 남성 고객은 본인의 스타일에 대해 구구절절 설명하는 것을 번거로워 하기 때문에 헤어디자이너와 스타일적으로 소통이 잘 되면 충성고객이 된다. 그러므로 남성 지명고객이 많고 시술 비중이 높은 헤어디자이너의 경우 안정적인 매출을 유지할 수 있다.

이런 남성 고객을 확보하기 위한 4가지 제안은 다음과 같다.

남성 고객의 머릿발을 살려라

최근 일반 회사에 다니는 남성 후배로부터 이런 이야기를 들었다. 후배는 두 달에 한 번씩 파마를 한다. 얼마 전 미용실을 옮겨서 파마를 했는데 옆머리에도 약을 발라주니까 뜨지 않아서 아침 머리 손질이 너무 편해졌다는 것이다.

나는 "파마할 때는 옆머리에도 약을 발라 뜨지 않게 해주는 것은 당연한 시술이야"라고 말했더니, 그는 망연자실하며 이전 미용실에서는 한 번도 그런 시술을 받지 못했고, 그런 제안조차 받지 못했다고 억울해했다.

새로 만난 헤어디자이너는 "앞으로 커트만 할 때는 다운펌을 같이 하면 된다"고 했다면서, 비록 요금이 좀 더 비싸지만 앞으로는 이곳을 다녀야겠다고 아예 멤버십까지 끊고 왔다고 했다. 이 이야기를 들으면서 당연하다고 생각하는 다운펌을 아직 한 번도 제안 받지 않은 고객이 있을 수 있다는 사실에 깜짝 놀랐다.

파마를 한 남성 고객은 대부분 한 달 정도 지난 후 다시 커트를 하게 된다. 한 번 정도 잘라내도 윗부분의 컬은 남아 있어서 스타일이 유지되는 반면 옆머리는 자라나 다시 뜨게 되어 다시 '다운펌'을 한다. 이처럼 남성의 머릿발의 포인트는 옆머리가 뜨지 않는 것이 기본이다.

그다음은 구레나룻과 네이프 라인(nape line)이다. 대부분 남성 고객들은 구레나룻의 대칭과 모양, 길이에 민감하다. 구레나룻 모양이 마음에 들지 않거나 네이프 라인을 클리퍼로 뚝뚝 찍어 라인을 잡는 경우는 인위적인 라인 때문에 부자연스러울 수 있다. 그럴 경우 자연스러운 그러데이션으로 남성 고객의 멋스러운 뒷모습을 만들어야 한다. 만약 커트를 정성스럽게 했음에도 남성 커트 고객의 재방문율이 낮다면 이런 사소한 부분부터 되짚어봐야 한다.

멍게 두피를 관리하라

책을 쓰기로 한 후 새로운 환경의 헤어살롱 경험이 필요해서 일일 아르바이트를 한 적이 있다. 남성 고객이 많은 아파트 상권의 매장이었다. 고객 시술을 하면서 많은 남성 고객들의 '멍게처럼 빨갛게 염증이 올라온 두피'를 보고 깜짝 놀람과 동시에 안타까운 마음이 들었다. 특히 지성, 지루성 두피들이 많았고, 피지가 산화되어 두피에서 냄새가 났는데 관리 방법을 몰라서 방치하고 있었다.

그래서 이 헤어살롱은 '두피 관리 기회의 땅이구나!'라는 생각이 들었다. 고객들은 두피 관리의 가장 기본인 두피 스케일링과 적합한 샴푸를 제안하는 것만으로도 관심을 보였다.

"혹시 고객님, 두피를 직접 보신 적이 있으세요?"라고 물어보자, 대부분의 남성 고객들은 처음 들어본다고 대답했다. 나는 고객의 두피를 못 본 척할 수 없어서 관리 방법에 대해 설명했다. 이런 상황을 방치하면 탈모로 이어지게 되기 때문이다. 그러므로 담당 헤어디자이너의 적극적인 개입으로 고객의 두피 건강을 지킬 수 있도록 애정이 담긴 잔소리할 필요가 있다.

퍼스널 컬러를 활용하여 차별화된 서비스를 제공하라

퍼스널 컬러(personnel color)는 고객의 패션 이미지, 색조 화장품의 선택, 헤어컬러 제안 등 활용도가 높다. 나는 퍼스널 컬러를 공부하면서 이를 활용해 고객과 소통한다면 '경쟁력 있는 상품'이 될 것이라고 생각했다. 요즘은 고객들도 본인의 퍼스널 컬러를 잘 알고 있다. 기업에서 사내 문화 특강으로 퍼스널 컬러 교육이 이루어지고 있기 때문이다.

퍼스널 컬러의 지식으로 전문성을 갖추어 남성 고객의 스타일을 연출할 수 있다면 고객은 어느 헤어살롱에서도 받아보지 못한 멋진 경험을 하게 된다. 예를 들어 담당 헤어디자이너가 중요한 행사가 있는 남성 고객의 웜톤이나 쿨톤의 피부 톤에 따라 어울리는 넥타이 컬러, 와이셔츠 컬러, 상의 컬러를 추천해줄 수 있다. 또 블랙만을 고수하며 변화를 두려워하는 남성 고객에게 자연스러운 명도의 헤어컬러를 제안해 부드러운 이미지가 연출된다는 것을 알려줄 수도 있다.

또 요즘은 피부 톤을 보정하기 위해서 비비크림이나 파운데이션을 바르는 남성 고객들이 있다. 그런데 간혹 피부 톤에 맞지 않는 제품을 사용하여 하얗게 들떠 있거나 얼굴과 목의 경계선이 뚜렷해 부자연스러운 것을 볼 수 있다. 이럴 경우 몇 가지 인기 있는 남성 제품을 구비하여 제대로 바르는 테크닉을 설명해준다면 남성 고객의 전체적인 뷰티 관리에 자연스럽게 다가갈 수 있다.

사소한 디테일을 살려 감동을 선사하라

남성 고객들이 헤어살롱에서 홀대받는다는 생각이 들 때가 마지막 스타일링의 순간이다. 헤어디자이너가 아닌 파트너가 제품을 바르고 마무리해 일어서게 하면 남성 고객은 왠지 서운한 마음이 든다. 하지만 직접 표현하지는 않는다. 그러나 이 서운함이 쌓이면 결국 떠나게 된다. 따라서 파트너가 제품을 바르더라도 마지막 마무리 터치는 반드시 담당 헤어디자이너가 하고, 시술이 마음에 드는지 여부를 직접 확인해야 한다.

남성 고객과 공감대를 형성할 수 있는 원활한 대화를 위해서는 〈자동차생활〉, 〈맨즈헬스〉, 〈에스콰이어〉 등의 남성 잡지를 읽는 것을 추천한다. 남성 고객의 스타일과 감성을 이해하고 뷰티 시장을 확대하는 것이 헤어살롱의 매출 상승의 아주 좋은 기회가 될 것이다.

매장의 비즈니스 판을 바꾼다는 것

헤어살롱 시장은 빠르게 변하고 있다. 기존 방식의 영업 시스템을 그대로 고수하거나 변화에 대한 돌파구를 찾지 못한다면 성장하지 못하는 수준이 아니라 도태되어 사라지게 될 것이다. 헤어살롱 비즈니스도 변화하기 위해 각자의 방법으로 돌파구를 찾고 있다. 변화를 이끌어갈 새로운 아이디어가 필요한 시점이다. 고객이 찾아올 수 있는 헤어살롱의 강점을 만들어야 한다. 내가 헤어살롱의 비즈니스 판을 바꾼 두 가지 사례를 소개하고자 한다.

분당 수내역 미용 시장을 공략하다

당시 근무했던 I사가 처음 분당에 헤어살롱을 오픈하게 되었다. 그때 I사는 27년의 전통이 있었고 20여 개 지점이 주로 서울, 일산,

파주에 분포되어 있었다. 그래서 지역사회에서는 브랜드 파워가 있었지만 분당에서는 낯선 헤어살롱에 불과했다.

오픈 당시 매장 주변에는 오랜 시간 수내역 미용 시장을 장악한 헤어살롱들이 있었다. 그래서 미용업계에서는 우리 매장이 "월 매출 5,000만 원 이상 하면 손에 장을 지진다"는 분들까지 있었다. 그러나 그때 나는 에너지 넘치는 점장과 한 팀이 되어 수내역 미용 시장의 헤어살롱 비즈니스의 판을 뒤집었는데 그때 쓴 4가지 전략은 다음과 같다.

영업시간을 11시로 차별화하라

그 당시 수내역 미용 시장은 8시면 모든 헤어살롱의 불이 꺼지고, 매장 주변에 사람이 별로 다니지 않을 만큼 조용하고 어두웠다. 그래서 계획한 것이 구성원들의 근무를 2부제로 바꾸고, 영업시간을 11시까지로 차별화했다.

이때 우리의 전략은 퇴근 후에 올 수 있는 고객을 잡는 것이었다. 수내 지역 회사원들과 퇴근해서 인근 오피스텔로 귀가하는 사람들에게 우리의 영업시간이 인식되기를 기다렸다. 11시까지 영업한다는 것을 알리기 위해 매장에 고객이 없어도 밖에서 환히 볼 수 있도록 늘 11시를 넘어 12시까지 불을 켜놓았다.

그리고 점장과 나는 영업을 마치고도 퇴근하지 않고 매장 창문 앞에 앉아 있었다. 아니나 다를까 두 달이 될 무렵부터 퇴근 후 고객들이 몰리기 시작했다. 고객이 없어서 일찍 문을 닫은 게 아니라 문을 닫아서 고객이 없는 지역이었던 것이다.

매장을 눈에 띄게 노출시켜라

간판업체의 실수로 디자인이 촌스럽고 무식한 간판이 설치되고 말았다. 수내역 롯데백화점에서 나오자마자 정면에 멀리서도 한눈에 들어올 정도로 한글로 대문짝만하게 브랜드가 노출되었다. 그야말로 간판에서 싼티가 팍팍 났다. 나도 한 번도 본 적 없는 간판이라 당황했고, 본사에서도 빨리 교체하자고 했다.

그런데 며칠 동안 영업을 하면서 고객의 유입 경로를 파악한 결과, 의외로 간판 때문에 들어온 고객이 많다는 사실을 알게 되었다. 고객이 간판을 보고 부담 없이 들어왔다가 기대한 것 이상의 매장 분위기, 기술력, 서비스, 인테리어에 감동하고 있음을 모니터링하게 되었다. 물론 일부 고객들은 매장과 간판이 너무 안 어울린다고 교체하라고 했지만, 그것 때문에 고객들에게 매장과 헤어디자이너들의 가치가 인정받게 되었다는 아이러니한 사실에 오히려 용기가 생겼다.

다른 매장과 콘셉트를 차별화하라

이 지역의 다른 헤어살롱들과 매장의 분위기를 다르게 해야 뜰 수 있다고 생각해 '우리가 즐기자. 새로운 경험으로 에너지를 주자!'는 콘셉트를 잡았다. 그리고 매장 구성원들은 노래 '얼굴 찌푸리지 말아요'에 맞춰 모두 똑같이 댄스를 추었다. 댄스 타임은 하루에 네

차례 정도로 세 시간에 한 번씩이었다. 헤어 시술을 받던 고객들에게 잠시 양해를 구하고 하던 일을 멈추고 3분 정도 노래하면서 춤을 추었다. 전 직원이 즐기면서 모두 큰 소리로 함께했다.

고객들도 이 시간을 너무 즐거워했다. 또 춤을 추고 나면 매장 분위기가 훨씬 더 활기차졌기에 관리팀이 이 시간을 잊어버리면 구성원들은 음악을 빨리 틀어달라고 적극적으로 요청했다. 이 지역 헤어살롱들이 조용하고 차분한 분위기로 영업하고 있던 것과는 반대로 고객들에게 즐거운 경험을 드리고자 했던 콘셉트가 딱 맞아떨어졌다.

구성원들과 목숨 걸고 홍보하라

고객을 잡기 위해 점장은 매장 안에서 철저히 고객 관리를 했고, 나는 매장 밖에서 '먹이를 물어다 주는 제비'처럼 고객을 올려 보냈다. 무료 고객도 상관없었다. 지나가는 고객들에게 홍보하는 것을 쭈뼛쭈뼛해하는 헤어디자이너들에게 "내가 저 커플을 반드시 데리고 매장에 들어갈 테니 지켜보세요"라고 말한 후 다가가서는 이렇게 말했다.

"안녕하세요. 헤어살롱 오픈했어요. 저기 보이시죠? 저희가 지금 손님이 없어서 나온 게 아니에요. 매장에 들어가 보시면 아실 거예요. 오늘 두 분이 데이트하시는데 기분 좋으시도록 저희가 스타일링 선물해드릴게요" 하고는 매장으로 고객을 올려 보냈다.

염색한 머리가 자라난 길이를 보고서는 "어머, 이번 달 안에 뿌리염색하실 계획이셨죠? 지금 저희가 오픈 기념으로 할인해드려요. 머리가 마음에 안 드시면 제가 돈 내드릴게요"라고 자신 있게 매장으로 안내했다.

거리 홍보는 당당하고 자신 있게 해야 한다. 우리에게는 멋진 매장과 기술이 있기 때문이다. 사실 길거리 홍보는 난생처음이었다. 그런데 내가 솔선수범하지 않으면 같이 나온 구성원들이 적극적으로 움직일 리 없다. 지나가는 열 명 중에 아홉 명이 거절했지만, 거절도 즐길 수 있게 같이 뛰었다. 헤어살롱에 고객이 없으면 직원들의 사기가 떨어진다. 특히 오픈 매장의 경우 한가해지면 미래에 대한 불안감이 생기기 때문에 반드시 매장이 고객으로 북적이게 만들어야 했다.

이때 내가 구성원들에게 했던 이야기는 "지금 한가하다고 매장에 앉아 있으면 앞으로도 고객이 없어 계속 앉아 있게 된다. 밖으로 나가서 한 명이라도 고객을 만나자. 지금 씨를 뿌려 놓으면 나중에 쿠폰 돌리러 나가고 싶어도 그럴 시간이 없다"였다.

이 매장은 오픈 3개월 안에 1억을 달성했다. 이후 고객이 늘어나 매장 앞에 다른 콘셉트로 또다시 오픈을 하게 되었다.

클리닉 상품 개발로 20억 매출 달성하다

'왜 고객은 헤어 클리닉을 자주 받을 수 없을까? 피부는 주기적으로 관리하는데, 헤어는 주기적으로 관리하지 않을까? 왜 클리닉은 비싸야 할까?' 나는 그것이 늘 고민이었다.

클리닉이 비싸면 고객은 자주 관리하기 어렵다. 고객은 모발이 손상되었거나 퍼머를 할 때 마지못해 클리닉을 추가한다. 그래서 건강하고 윤기 나는 두피와 모발 관리 클리닉을 대중화할 수 있는 프로그램을 만들기로 결심했다.

클리닉의 합리적인 요금으로 자주 방문할 수 있게 하는 것이 목적이었다. 또한 클리닉에 대한 헤어디자이너의 인식을 변화시키는 시스템을 만들어야 했다. 클리닉에 대한 인식이란 클리닉을 하려면 한 사람이 고객 옆에 붙어 있어야 한다는 것이 부담이라는 것이었다.

그래서 생각을 바꾸어보았다. 커트 한 명을 하는데 짧게는 30분이 소요되고, 헤어디자이너는 고객을 일대일로 시술한다. 그런데 클리닉은 왜 헤어디자이너가 일대일로 시술하는 것이 어렵다고 생각할까? 왜 클리닉은 파트너가 해야 한다고 생각할까?

사실 클리닉은 부가가치가 높은 상품이다. 클리닉은 옵션 시술이 아니라 독립적인 상품이다. 또한 파트너들은 케어리스트(carelist)로서 돕는 역할뿐만 아니라 고객이 신뢰할 수 있는 전문성을 키워 클리닉을 담당해야 그들의 생산성이 높아진다. 앞으로는 매력적인 클리닉 상품과 기술력을 갖춘 헤어살롱이 이 가치를 만들 수 있을 것이다.

이런 생각을 바탕으로 클리닉 상품을 출시하게 된 사례는 다음과 같다.

헤어제품 전문 브랜드에서 클리닉 신제품이 출시되었다는 소식을 듣고 매장에서 직접 테스트해보았다. 클리닉의 제품력과 여러 차례 모발을 헹구지 않고 클리닉 제품을 단계별로 레이어드할 수 있는 시술 프로세스는 효율적이었다.

그래서 클리닉 시술 시간을 통일하고, 시술 요금이 합리적인 상품을 기획했다. 이때 출시된 클리닉 상품명은 '모발과 두피를 사랑하자'는 의미의 '모두애(毛頭愛)'다. 상품명을 정하고 나서 전 매장에서 동시에 판매하고 진행하기 위해 각 매장에서 대표로 두 명씩 클리닉 기술과 프로세스를 내려줄 헤어디자이너를 본사에 모이게 했다.

대표 헤어디자이너들에게 실제 클리닉을 받아보게 했고, 클리닉 시술 과정을 교육했다. 이를 통해 본인이 근무하는 매장에서 직접 내림 교육을 하고 전 직원이 클리닉을 상호 시술받게 하고 서로 피드백할 수 있도록 시스템을 만들었다. 헤어디자이너가 직접 제품을 써보지 않고서는 자신 있게 권할 수 없기 때문이었다.

모발회원권, 두피회원권, 두피모발 세트 회원권을 구성하여 프로모션할 수 있었다. 이전 클리닉 시술과 다른 테크닉과 정성을 들인 시술에 고객들은 빠르게 반응했다. '모두애 프로모션'은 77일간 진행되었고, 이 기간 동안 무려 20억의 매출을 달성했다. 이전에는 없었던 클리닉 회원권의 대중화로 발생된 매출이다.

이것은 클리닉에 대한 고객과 헤어디자이너의 인식을 바꾸고, 본사의 지원, 매장의 협력, 헤어디자이너들의 도전과 노력이 있었기에 가능했다. 아무리 뛰어난 아이디어로 상품을 만들어도 현장에서 고객을 만나는 헤어디자이너들이 고객에게 말하지 않으면 만들어질 수 없는 결과다. 그리고 그후부터 지금까지 클리닉 프로모션 시즌이 되면 오히려 고객들이 먼저 물어본다. 이것을 계기로 4년째 매년 클리닉 상품이 업그레이드되어 프로모션이 진행되고 있다.

이렇게 나는 슈퍼바이저(supervisor)로서 주로 위기 상황에 놓인 매장을 복구해 성과를 만들어내고, 클리닉 상품 개발을 통해 77일간 20억이란 큰 매출을 만들어냄으로써 헤어살롱의 비즈니스 판을 바꾸어 놓는 일들을 경험하게 되었다.

이벤트를 통해 획기적인 매출 확장을 만들어내라

헤어살롱은 매년 연말에 다음해의 연간 프로모션을 계획한다. 연간 계획은 시즌이나 월 이슈에 따른 추이를 예상해 계획한다. 그러나 헤어살롱의 매출은 그 시점의 경제 상황, 구성원들의 스케줄이나 컨디션에 따라 변동될 수 있다. 이와 같은 추이를 반영하여 별도로 매월 한두 가지의 이벤트를 기획한다.

매월 이벤트는 고객 대상 프로모션과 구성원들에게 동기부여할 수 있는 프로모션을 분리해 준비한다. 여기서는 고객 대상 이벤트에 대해서만 살펴보겠다.

틈새상품으로 매출을 올리는 이벤트

헤어살롱에서는 고객에게 신기술과 신상품의 정보를 제공하고 제안할 의무가 있다.

틈새상품으로 매출을 끌어올리기 위한 방법으로는 '커트 고객 시술 전환 이벤트'나 '클리닉 회원권 상품 메뉴 이벤트'를 한다. 그중에 효과적이었던 '두피 케어 회원권 이벤트'는 '두.바.시 프로젝트(두피를 바꾸는 시간, 15분)'라는 이벤트로 진행되었다. 이 이벤트 상품의 목적은 두피의 청결 관리와 혈액순환을 원활하게 하는데 있었다.

우선 두피 딥 클렌징 샴푸를 통해 두피를 모공까지 깨끗한 상태로 만든다. 그다음 콜라겐 또는 히알루론산 성분 제품을 통해 두피에 보습과 탄력을 주는 두피 전용 팩을 한다. 마지막으로 두피 근막 마사지를 통해 혈액순환 관리를 한다. 이때 진행되는 마사지 테크닉은 일반 샴푸의 지압과 차별화된 '모상근막 테크닉'이 진행된다.

두.바.시는 1회 3만 원으로 총 소요 시간은 15분이다. 고객의 커트나 퍼머, 염색 시술과 복합 시술 시 마무리 단계에 진행되므로 고객은 별도의 시간을 들일 필요가 없다. 예를 들어 남성 고객의 커트 요금이 2만 원일 경우에 3만 원인 두.바.시 케어를 시술하게 되면 총 시술비는 5만 원이 된다. 1회 시술로 만족한 고객은 5회나 10회의 두.바.시 회원권을 구매한다. 이 고객은 커트를 할 때마다 두피 케어를 하게 된다.

두.바.시 케어 상품 제안으로 헤어디자이너는 객단가가 상승했고, 고객들은 시술 후 만족도가 높아졌다. 이때 스티커 제도를 진행해 두.바.시의 성공 개수와 매출이 상승된 금액을 명확히 수치로 표현했다. 이 프로모션의 매출 성과를 체크해보았더니 이 상품으로

약 4일간의 영업 매출이 더 발생했음을 전체 구성원이 확인할 수 있었다.

동반고객을 사로잡는 이벤트

동반고객 관리는 내가 매장 관리에서 가장 중요하게 생각하는 것이다. 그래서 진행했던 이벤트가 '동반고객 사로잡기'였다.

나는 매장에 앉아 있는 동반고객을 "호박이 넝쿨째 들어와 있다"라고 표현한다. 한 번도 우리 매장에 오지 않는 고객을 하염없이 기다리기보다는 지금 매장에 앉아 있는 동반고객과의 접점을 만들어 내는 것이 낫다. 시술 중인 고객은 머리를 하면서도 함께 온 동반고객에게 내내 마음이 쓰여 "머리 다하고 나가서 내가 밥 사줄게"라고 한다. 그렇기 때문에 함께 온 동반고객을 적극적으로 챙겨드리면 고마워하면서 뿌듯해하는 입장이 된다. 그리고 헤어살롱 입장에서도 한 명의 신규고객을 만들어낼 수 있는 절호의 기회다. 이 동반고객들은 당일 신규고객이 되거나 미래의 가망고객이 된다.

이 이벤트의 기준은 '동반고객 모발 터치'로 정했다. 진행 방법은 동반고객의 현재 헤어스타일을 살펴서 뭔가 해줄 수 있는 터치 포인트를 찾아내는 것이다.

남성 동반고객 사로잡기

남성 고객이 동반고객일 경우에는 눈썹 정리, 목 뒷부분(네이프) 또는 구레나룻 옆 잔털 정리, 스타일링 등이 될 수 있다. 여기서 팁

한 가지는 시술 중인 여성 고객과 동반한 남자친구나 남편인 경우 시술 중인 여성 고객에게 먼저 의사를 묻는 것이 좋다. 소요 시간은 3분 정도로 시간적 부담도 없다.

스타일링의 터치 방법은 현재 스타일링한 부분에서 수정이 필요하다면 그 부분을 보완해주거나 새로운 스타일을 제안해 손질법을 설명하는 것이다. 이때 잊지 말아야 할 것은 언제나 스타일링한 후에도 여성 고객의 마음에 드는지를 확인해야 한다.

어린이 동반고객 사로잡기

아이를 데려온 고객에게 가장 중요한 것은 내 아이에게 관심을 갖고 소중히 대해주는가이다. 이때 동반한 어린이를 챙겨주면 부모는 편안한 마음이 된다. 어린이들은 4세만 되어도 본인의 외모에 관심을 가진다. 남자 어린이의 경우 왁스로 스타일링, 여자 어린이는 아이론을 이용해 웨이브 또는 예쁘게 땋아서 공주님, 왕자님을 만들어준다. 그 과정에서 엄마들은 아이 머리 손질의 고민을 얘기하거나 어린이의 사진을 찍어 SNS에 올린다.

여성 동반고객 사로잡기

만일 여성 고객이 동반고객일 경우에는 할 수 있는 것이 많다. 스타일링을 해줄 때는 다음에 고객이 해보고 싶은 머리를 예상할 수 있도록 드라이를 해줄 수 있다. 스타일링을 원치 않는 경우라면 에센스라도 발라준다. “자외선이 강해서 에센스 좀 발라드릴게요(또는 실내가 건조해서 에센스를 발라드릴게요). 전문제품이라 보습 효과가 좋아요"라고 말한다.

이 과정에서 고객이 염색을 한 상태라면 드라이를 하면서 모발이 자란 정도에 따라 고객이 언제 리터치할 것인가를 예측해 컬러를 제안한다. 이런 경우 시술로 바로 이어지기도 하고, 지금 당장 시술하지 않더라도 친밀한 관계가 형성되어 나를 기억할 수 있다.

큐티클이 들떠 있는 모발이라면 큐티클 표면을 가위로 가볍게 정리해준다. '내 커트 기술이 얼마짜리인데'라는 생각보다는 이 기회를 적극적으로 활용할 필요가 있다. 고객이 샴푸하고 있는 틈, 열처리하는 틈, 시간의 빈틈을 찾자. 고작 3분이다.

때로는 직원들의 눈에는 고객에게 무엇을 해주면 좋을지 안 보일 수도 있다. 그럴 때 관리자인 나는 그들이 보고 찾아낼 수 있도록 질문을 한다. "저기 앉아 있는 동반 여성분에게 우리가 어떤 것을 해줄 수 있을까요?"라고 묻기도 하고, "앞머리를 조금 다듬어주는 게 좋을 것 같아요. 다음번에 앞머리 펴머를 하실 수 있게 제안해볼까요?" 등을 코칭한다.

이 방법들은 내가 50평대 6,000만 원 매출 매장을 3개월 만에 1억 원으로 올릴 때 가장 효과를 본 방법이다. 지금 바로 고객으로 이어지는 효과를 보지 못한다고 멈추면 안 된다. 고객은 반드시 늘어난다. 본인이 올 수 없더라도 우리 헤어살롱에 대한 좋은 소문이 날 수 있다. 한 달에 동반고객을 30명 정도 터치했다고 생각하면 엄청난 숫자다.

이벤트를 진행할 때 유의사항은 너무 많은 이벤트를 동시에 진행하지 않아야 한다는 것이다. 구성원들의 집중력이 떨어질 수도 있기 때문이다. 매출 상황에 따라 매출 마감일 2주 전에 긴급 투입되는 이벤트를 만들 수도 있다. 매장 구성원들이 권태로움을 느낄 때는 일이 많은 경우보다는 집중할 것이 없을 때이다. 이것이 바로 매월 두세 가지의 이벤트를 준비하여 생동감 있는 매장으로 이끌어 가야 하는 이유다.

매장 콘셉트에 따라 상품 아이템을 개발하라

프티 상품과 토핑 메뉴의 활용

내가 좋아하는 음식은 떡볶이이다. 그 지역의 '떡볶이 맛집'은 꼭 검색을 해본다. 떡볶이가 3,000원대 분식에서 1~2만 원대 요리가 되는 시대이다.

편의점에만 가도 다양한 토핑의 떡볶이를 선택할 수 있다. 또 매장에서도 떡볶이의 토핑을 개인 취향에 따라 추가적으로 선택할 수 있다. 튀김과 순대를 한 접시씩 시키지 않고 낱개로 원하는 만큼만 골라서 담을 수 있다. 그래서 취향대로 담다 보면 그럴싸한 한 그릇의 요리가 된다. 고객은 다양하게 먹을 수 있으면서 토핑 선택으로 가격적인 부담도 적다. 물론 떡볶이 매장의 객단가도 올라간다.

서울의 인기 떡볶이 매장 중에 '떡볶이+핫도그' 메뉴가 히트를 한 가게가 있다. 떡볶이도 인기지만 핫도그를 추가한 시도가 다른 매장에서는 없던 아이템이었다. 이렇게 새로운 시도는 떡볶이 시장의 다양한 토핑문화로 자리 잡고 있다.

그렇다면 헤어살롱에서는 어떤 프티 상품, 토핑 메뉴를 시도해볼 수 있을까? 커트, 펴머, 염색, 샴푸 시술에서 기회를 찾아볼 수 있다. 프티 메뉴의 핵심은 시술 요금이 전체 시술 요금에 비해 낮아야 한다는 것.

각 헤어 시술별 프티 상품 만들기

우선 헤어 시술별로 프티 상품을 만들 수 있다. 앞머리가 있는 롱 헤어스타일 여성 고객이라면 몇 가지 프티 메뉴를 만들 수 있다. 고객이 요청하는 앞머리만 로드 한두 개로 말아주는 것 이상의 제안을 해야 한다. 예를 들어 앞머리와 자연스럽게 연결되는 페이스 라인의 모발의 흐름에 따라 얼굴 라인이 돋보이도록 '페미닌 페이스 프티 펴머'를 제안할 수 있다. 이것은 전체 펴머가 아니라도 앞머리 이외에 페이스 라인까지 시술하는 펴머 디자인의 프티 시술 메뉴가 될 수 있다.

컬러에서도 매출 상승의 기회를 찾을 수 있다. 남성 고객 중 일부는 커트 후 염색을 집에서 하는 경우가 있다. 그런 고객은 커트를 하고 나면 구레나룻. 네이프 부분만 하얗게 흰머리가 보이기 때문에 'U존(구레나룻, 네이프) 프티 컬러'를 제안하면 좋다.

여성 고객의 경우는 'T존(페이스 라인, 탑 부분 가르마) 시크릿 프티 컬러'를 제안할 기회가 된다. 이 정도의 시술 요금은 1~2만 원 정도로 예상한다.

또 전체 염색인 원메이크 시술에 디자인 컬러가 토핑될 수 있다. 디자인 컬러는 탈색을 하는 방법이 아니어도 염색의 레벨에 차이를 두어 포인트가 될 수 있게 하거나, 컬러의 명도 차이를 두어 얼굴이 작아보이게 하는 'V라인 윤곽 디자인 컬러' 메뉴를 만들 수 있다. 또 네이프 부분의 하이라이트를 컬러 시술을 통해 머리를 묶었을 때 포인트로 연출될 수 있게 하는 메뉴가 있다. 시술 비용은 모발 패널 기준이나 디자인에 따라 시술 요금을 설정할 수 있다.

딥 클렌징 토핑 메뉴 만들기

딥 클렌징도 토핑 메뉴로 만들 수 있다. 컬러 시술 후 필수 토핑 메뉴로는 '두피 딥 클렌징' 상품이 가능하다. 나는 고객들에게 염색약을 바르거나 두피 보호제를 도포하면서 필수로 안내하는 멘트는 이렇다.

"혹시 염색하고 나면 두피가 가려우신가요? 저희가 샴푸를 깨끗이 해드리지만 혹시라도 모공 속에 염모제가 남아 있어 가려울 수 있어요. 혹은 가렵지 않더라고 모공 속에 잔류한 염모제는 트러블이나 탈모의 원인이 됩니다. 다른 건 추가적으로 하지 않으셔도 염색 시술을 하고 나서는 꼭 '두피 모공 딥 클렌징'하는 것을 추천해드려요. 앞으로 염색을 20년은 더하실 텐데 만 원 정도는 투자하셔도 후회 없으실 거예요. 그리고 두피 딥 클렌징을 하면 염색 후에 두피가 훨씬 상쾌하게 마무리되실 거예요"라고 제안한다.

시술별로 샴푸와 트리트먼트를 토핑화 하는 방법

해외의 호텔 사우나를 이용한 적이 있다. 사우나에 별도의 공간에 샴푸바가 구성되어 있는 것이 무척 인상적이었다. 다섯 개의 브랜드별로 샴푸, 트리트먼트, 바디용품, 베이비용품까지 세트로 구성돼 비치되어 있었다. 사우나 이용객은 본인이 좋아하는 향이나 브랜드 제품을 들고 가서 사용할 수 있도록 구비되어 있었다.

헤어살롱에서도 고객의 모발과 두피에 맞는 샴푸를 토핑 메뉴로 제안할 것을 추천한다. 시술별 토핑 샴푸가 필요한 이유를 설명하고 메뉴화하면 큰 경쟁력이 될 수 있다. '퍼스널 샴푸바'를 구성하여 '오늘의 샴푸나 트리트먼트'를 선택할 수 있도록 할 필요가 있다. 샴푸 토핑 메뉴는 3,000~5,000원 정도로 부담 없는 요금을 설정한다. 이것은 또 퍼스널 홈 케어 판매로 이어질 수 있는 부가가치를 만들 수도 있다.

염색이나 펌머를 할 때 클리닉을 별도로 진행하지 않는 경우라면 시술 전후에 기능성 샴푸나 전문 트리트먼트를 토핑 메뉴에서 선택할 수 있게 해야 한다. 양질의 트리트먼트 마무리가 필요한 이유는 화학 시술 후에 불안정한 모발 내부를 안정화시키는 역할을 하고, 또 알칼리를 중화시켜주기 때문이다. 알칼리의 잔류는 모발을 건조하고 푸석거리게 하므로 고객이 홈 케어로 14일 정도는 꼭 트리트먼트를 사용하기를 권해야 한다.

커트나 드라이 고객이라면 헤어디자이너가 두피 타입을 진단하고 이를 통해 지성, 건성, 민감성 등의 샴푸를 고객이 선택하여 시술할 수 있도록 제안할 수 있다. 물론 선택은 고객의 몫이다.

우리는 새로운 시스템을 시도하기 전에 '이것이 과연 효과가 있을까?'를 고민하는 시간이 길다. 그리고 다른 누군가 시도하여 성공하는 것을 보면 '나도 저렇게 생각했었는데……'라며 후회한다. '이미 다 알고 있는 것'과 '실행해보고 결과를 만드는 것'은 성과면에서 천지 차이가 있다. '퍼스널 샴푸 시스템'과 같은 이전에는 없던 것을 만들어보고 시도해본다면 그게 바로 매출 창출의 비결이 될 수 있다.

우리 매장만의 유니크한 비장의 무기를 만들어라

헤어살롱에서 핼러윈 데이를 즐긴다고?

헤어살롱에서는 고객에게 유니크(unique)한 감성을 주기 위한 노력을 게을리하지 않는다. '어떻게 하면 고객의 헤어스타일을 멋지게 해드릴까?'의 '스타일의 유니크'를 넘어서 '어떻게 하면 특별한 경험을 할 수 있게 할까?'의 '서비스의 유니크'와 '어떻게 고객과 같이 즐거울 수 있을까?'라는 '문화의 유니크함'을 고민한다.

나는 이것을 헤어살롱의 유니크한 무기라고 표현한다. 헤어살롱에서는 고객과 구성원들의 유니크한 경험에 대한 기획을 하고 구성원들과 같이 문화를 만들어가는 것이 매장의 콘셉트가 될 수 있다.

예를 들어, 헤어살롱의 대표적인 이벤트인 '핼러윈 데이'를 빼놓을 수 없다. 헤어살롱마다 독특한 핼러윈 연출로 매장과 구성원들은 고객을 위한 이벤트를 준비한다. SNS에 노출되는 헤어살롱을 통해 유니크한 핼러윈 데이를 볼 수 있다. 이러한 연출은 리더 한 사람의 노력만으로 이루어지지 않는다.

구성원들의 아이디어로 의상, 메이크업, 매장 소품 인테리어를 준비하고 고객들과 함께 사진을 찍는 등 핼러윈 기간 동안의 축제를 미리 준비하고 노력한다. 고객들에게 미리 공지하고 안내문자를 보내 핼러윈 콘셉트로 방문할 경우 다양한 혜택을 주면서 참여를 이끌어내어 고객들도 매장에서 이벤트를 즐기고 경험할 수 있도록 미리 기획한다.

이런 이벤트는 매장 구성원들을 위한 축제로 기획할 수도 있다. 내가 기획한 이벤트로는 고객들에게 핼러윈 데이 추억을 만들어준 구성원들을 위해 다섯 개 매장의 원장들과 뜻을 모아 연합하여 200여 명의 구성원들이 한 매장에 모여 원장들이 준비한 파티를 즐긴 것이다. 이벤트업체의 사회자를 초청하고 파티 케이터링, 매장별 게임과 장기자랑을 통해 우리만의 유니크한 행사를 진행한 것이다. 이벤트를 준비하는 기간 동안 구성원들은 스트레스를 받기도 하지만 설렘과 기대감이 주는 묘미를 알고 있기에 적극적이다. 구성원들이 즐길 수 있어야 고객에게도 그 감성이 전해지는 것이다.

유니크한 콘셉트가 헤어살롱의 문화가 된다

헤어살롱의 유니크함은 꾸준한 기획력으로 준비된다.

예를 들면, '콘셉트 데이'가 있다. 의상이나 소품을 활용한 콘셉트일 경우는 도트 무늬, 빨강, 청 소재, 스트라이프 등의 주제가 있다. 고객이 매장의 콘셉트에 맞춰서 올 경우 선물이나 할인을 해주기도 한다.

그중 한 가지를 소개하자면, 미국의 세계적인 색채연구소이자 색상회사인 팬톤(Pantone)이 선정한 '올해의 컬러'를 주제로 하는 것이다. 의상, 메이크업, 헤어, 소품에 올해의 컬러를 활용하여 '시즌별 트렌드 컬러데이'를 진행한다. 이를 통해 얻을 수 있는 효과는 준비 기간 동안 트렌드 컬러를 조사하여 공부하게 되며, 고객들과 트렌드 컬러에 대해 공유하고 즐길 수 있다는 것이다.

그것을 활용해 2018년 트렌드 컬러인 '울트라 바이올렛' 컬러를 시무식 드레스 코드로 지정했다. 본사 주최 시무식은 전 매장 구성원들 수백 명이 한자리에 모이는 날이다. 1월 첫째 주가 시무식이라 그 당시 울트라 바이올렛은 시장에 많이 노출되어 있지 않은 상태였으나 그럼에도 불구하고 전 매장 구성원들은 백화점, 인터넷, 동대문, 고속터미널 지하상가 등을 찾아다니며 드레스 코드를 맞추려고 노력했다.

"찾느라 너무 힘들었어요", "이 컬러가 맞나요?" 등의 사진을 보내오는 사람까지 있었다. 내가 이것을 기획한 의도는 헤어는 유행 컬러에 영향을 받으므로 컬러 트렌드를 미리 연구해야 고객을 리드할 수 있기 때문이었다.

유니크한 문화는 잊지 못할 서로의 추억이 된다

나는 매장이 일터를 넘어 '놀이터'로 만드는 프로그램을 중요하게 생각한다. 매월 진행된 유니크한 문화 행사 중에서 기억나는 것이 있다. 매장 구성원들의 아이디어로 '런닝맨 콘셉트'로 영업을 한 것이다. 30여 명이 되는 구성원들이 팀별 컬러를 다르게 한 비닐우비를 입고 등판에 번호를 달고 일했다. 공교롭게도 무더운 여름이었기에 우비 안은 습기로 가득 찼다. 더운 드라이 바람까지 한몫하는데도 끝까지 우비를 입고 일하면서 고객들과 즐겼던 것이다.

퇴근 후에는 마무리로 전체 단합대회가 진행되었다. 즉, 매장 앞에서 본격적인 팀별 런닝맨 게임을 했다. 이날 벌칙으로 까나리액젓을 먹고 급기야 응급실까지 가야 했던 파트너가 지금 헤어디자이너 실장이 되었다. 누구의 강요로 이루어진 것이 아니었기에 지금도 그때 구성원들을 만나면 "우리 참 하다하다 별짓까지 다했다"라며 추억한다.

유니크한 문화 만들기 중 대표적인 프로그램은 '시네마살롱'이 있다. 영화를 전 직원이 함께 볼 수 있도록 매장을 극장으로 변신시켰다. 스크린 사이즈는 매장 크기나 인원에 따라 정했다.

가장 대형으로 진행한 곳은 60명 정도의 구성원들이 극장처럼 볼 수 있도록 2층에서 1층까지 내려지는 대형 스크린을 대여해서 설치했다. 극장 못지않은 매장의 음향에, 편안하고 자유롭게 볼 수 있도록 청소된 바닥에 돗자리를 펼친 다음 치킨, 과자, 떡볶이 등 먹거리를 준비하여 눕거나 기대서 편하게 볼 수 있도록 했다. 이렇게 같은 영화를 보고 공유한다는 것은 동료애와 동질감을 느끼게 해준다.

작은 매장의 경우는 팀워크를 배울 수 있는 영화를 보고 피드백 토론을 했다. 비용과 에너지는 극장 관람보다 더 들어가지만 경험하는 가치와 추억은 돈으로 살 수 없다.

고객에게 기억될 유니크한 시술 메뉴가 필요하다

얼마 전 베이커리에 갔을 때 발견한 단팥빵이 이름이 '104동 은주가 제일 좋아하는 빵'이었다. 단팥빵에 스토리와 유니크한 이름이 붙었을 때의 가치가 다르게 느껴졌다. 결국 나 역시 사고 말았다.

헤어살롱의 대표적인 시술 메뉴에도 유니크함이 있어야 한다. 컬러, 클리닉, 펌머 등의 시술 메뉴가 제조 브랜드의 이름으로 노출되고 있다. 사용하는 제품 브랜드를 노출하는 것은 소비자들에게 유명 브랜드 제품을 사용하고 있다는 것을 알리는 취지이기에 전략이 될 수 있다.

그러나 우리가 판매하는 것은 공산품이 아니다. 좋은 제품과 기술력으로 각각의 고유한 스타일로 새롭게 만들어지는 것이다. 헤어살롱이나 헤어디자이너만의 고유한 상품을 유니크한 메뉴로 만들어야 한다. 이것이 "다른 헤어살롱은 염색 3만 원인데 여기는 왜 5만 원인가요?"라는 질문에 대안이 될 수 있다.

고객 서비스의 유니크함을 표현할 때 대표적으로 활용하는 것이 '오늘의 서비스 메뉴'이다. 오늘의 과일이나 간식을 그에 맞는 그릇에 준비한 다음, 구성원들이 통일된 상태로 서비스할 수 있도록 아침조회를 통해 개수와 모양까지 보여준다. 또 구성원들에게 미리 준비한 고객용 다과를 고객의 입장에서 시식해보게 하여 대접받은 느낌을 경험하게 한다.

이런 디테일한 준비 과정이 없으면 신입 파트너들은 고객을 너무 사랑한 나머지 접시에 넘치도록 가득 담아 서비스한다. 많이 주고 싶은 마음은 이해하지만 어떻게 보이고, 어떻게 서비스되어져야 하는지 그 감각을 공유해야 한다. 문화, 메뉴, 서비스의 유니크함을 만드는 것은 헤어살롱 경쟁력의 무기가 될 수 있다.

보이지 않는 고객을 내 편으로 만들어라

헤어디자이너들은 고객의 머리를 만지는 일과 동시에 일상적인 대화를 많이 나눈다. 고객과의 친밀도, 인연의 깊이에 따라 삶의 다양한 주제로 소통한다. 대화의 주제는 고객의 연령, 성별, 결혼 유무에 따라 달라지고 다양하다. 여행, 날씨, 맛집, 고민, 명절, 쇼핑, 화장품, 다이어트, 병원, 시댁 이야기 등 대화의 소재는 나열하기 벅찰 정도로 무궁무진하다. 헤어살롱만큼 고객과 긴 시간 장기적, 주기적으로 소통하는 곳이 또 있을까? 그런데 고객과 별별 이야기를 다 하는 사이에 정작 우리가 놓치고 있는 것이 하나 있다. 바로 고객에게 적극적으로 소개를 부탁하지 않는다는 것이다.

고객이 '알아서 소개해주겠지'라고 생각하는 것은 소극적인 태도이다. "고객님, 저한테 주변의 지인분들 소개 많이 부탁드려요"라고 적극적으로 요청해야 한다. 연구결과 실제로 소개를 부탁할 때와 부탁하지 않을 때의 소개 빈도에 차이가 있다. 게다가 신규 소개고객의 경우는 지인을 통해서 매장과 헤어디자이너에 대한 기본적인 정보를 들었기 때문에 신뢰를 가지고 있다는 장점이 있다.

고객에게 소개해달라고 적극적으로 어필하라

헤어살롱에서는 '소개고객 이벤트'를 하여 간헐적으로 소개고객을 확보한다. 고객들 중에는 유난히 주변 지인들을 많이 소개해주는 고객들이 있다. 우선 이런 고객이 누구인지 분류해보자. '소개고객 관리 시스템'인 VIP고객 관리가 필요한데 다음과 같이 점검해보자.

- 매월 소개받은 고객과 소개해준 고객의 숫자와 명단을 분류했는가?
- 오늘 소개해달라는 말을 몇 명에게 했는가?
- 이번 달 소개받은 고객은 몇 명인가?
- 소개해준 고객에게 감사함을 어떻게 표현했는가?

오픈 매장에서 관리자로 근무할 때의 사례다. 나는 고객이 출입구에 들어서는 순간, 최대한 고객의 방문 기억을 끄집어내어 표현한다. 50대 여성분이 매장에 두 번째 방문하던 날도 마찬가지로 출입구에서 그분을 보자마자 "안녕하세요, 고객님. 지난번에 오셨을 때 초록색 구두와 초록색 가방으로 코디하셨는데, 오늘은 보라색으로 코디하셨네요? 컬러 매칭 센스가 탁월하세요"라는 말로 반가움을 표현했다. 그러자 그 고객은 깜짝 놀라면서 "어떻게 그걸 다 기억하세요?"라고 신기하다는 듯이 물었다.

고객을 기억해준다는 것은 감동을 줌과 동시에 급속도로 친밀함을 형성하게 만든다. 고객이 재방문을 한 것은 우선 머리가 맘에 들었다는 것이기에 시술 중인 고객과 대화를 나누면서 지인들에게 담당 헤어디자이너와 매장을 소개해달라고 부탁했다.

이후 그분은 가족과 친구들을 소개해주셨고, 본인이 머리를 하지 않는 날에도 지인을 매장에 안내해주고 가셨다. 그래서 매장 '명예홍보대사'로 임명해드렸고, 이 내용을 매장 구성원들과 공유하며 고객에게 감사함을 표현했다. 자연스럽게 그 고객도 자신이 오픈 매장에 기여한 공이 크다는 프라이드를 갖게 되었다. 이렇게 고객들과 적극적으로 소통하면 소개고객을 충분히 늘릴 수 있다.

소개해주는 고객에게 그날 바로 감사를 표현하라

고객은 우리에게 큰 대가를 바라기보다 '특별한 고객'으로 기억되기를 원한다. 그런데 여러 차례 주변인을 소개해도 본인의 수고를 알아주지 않는다면 서운한 마음이 들 수밖에 없다.

나는 기분 좋은 경험을 하거나 제품을 썼는데 효과적이거나 맛집을 발견하면 지인들을 직접 데려가기도 하는 입에 침이 마르게 소개하거나 사람이다. 한번은 한의원을 다니면서 치료에 빠른 효과를 봤기에 한의원을 소개할 일이 생기면 그곳을 소개했다. 특히 나의 경우는 매장을 돌아다니는 일을 했기에 만나는 사람이 많아서 소개할 일이 많이 생겼다.

소개를 받은 한의원에 다녀왔다는 지인들이 많아지면서 나는 속으로 '소개를 꽤 많이 했네. 이 정도면 한의원에서 나한테 상을 줘야겠다'라는 생각이 들었던 무렵, 한의원으로부터 문자가 왔다.

"지현 님의 소개로 소중한 인연, 권서람 님이 오셨습니다. 지현 님처럼 좋은 분을 소개해주셔서 감사합니다. 감사의 혜택으로 지현 님께만 특별한 혜택을 드립니다"라는 내용이었다. 혜택을 기대한 것도 아니고, 특별히 나에게만 혜택을 주는 것도 아닐지언정 내가 소개한 것을 알아준다는 사실에 기분이 좋았다.

우리 헤어살롱에서는 소개를 받고 소개해준 분에게 당일에 감사함을 바로 전하고 있는가? '다음에 방문하시면 그때 표현해야지' 하고 미루거나 잊어버리지는 않은지 점검해보자. 만약 고객을 소개받은 당일에 소개해주신 고객에게 감사의 문자를 보내거나 소소하지만 기분 좋은 이모티콘을 선물로 감사함을 표현한다면 고객의 기분은 어떨까? 즉각적인 감사의 표현으로 고객은 나의 열렬한 홍보대사가 될 수 있다.

소개고객이 없다면 그 원인을 분석하라

만약 헤어디자이너에게 소개고객이 없다면 객관적으로 그 원인을 분석해야 한다. 고객이 소개하지 않는 이유가 소개를 부탁하지 않아서인지, 아니면 지인에게 소개할 만큼 기술적으로나 감성적으로 매력이 없는 것인지를 말이다.

매장에서 기술도 뛰어나고 고객만족도가 높은 헤어디자이너가 있었다. 그런데 의외로 소개고객이 많지 않았다. 이유를 물어보니 담당 고객들은 자기는 만족스러운데 소개를 하자니 주변 지인들은 시술 요금을 부담스러워 했다는 것이다. 그래서 나는 "원장님, 첫 방문 소개고객의 요금을 조정해서 신규고객을 확보할 마음이 있으세요?"라고 물었다. 그러자 그녀는 충분히 가능하다는 의지를 보였다. 고객들의 문턱을 낮추기 위한 제안을 통해 신규 소개고객을 유치할 수 있는 계기를 마련했다. 이처럼 소개를 하지 않는 고객의 속마음이 있을 수 있으니 꼭 확인해봐야 한다.

가족고객들의 경우 만족도에 따라 소개의 속도가 빠르다. 여성고객의 경우 첫 번째로 아들을 먼저 보내 스타일에 맞게 했는지를 확인한다. 그래서 나는 신규 어린이고객의 경우는 헤어디자이너 배정을 중요하게 생각한다. 어린아이의 뒤편에는 가족고객이 있기 때문이다. 그다음은 남편을 보내고, 스타일이 마음에 들면 본인이 가장 나중 순서로 방문한다. 본인 시술에 만족을 하면 이후에는 친정엄마, 여동생, 주변 지인들을 소개한다.

이러한 소개는 헤어살롱이 아파트 단지 상권에 있는 경우 특히 커뮤니티센터, 주변 카페, 목욕탕에서 많이 이뤄지기도 한다. 이곳에서 좋은 소문이 나면 빛의 속도로 소문이 나서 소개고객이 늘게 된다.

내 주변에도 마음에 드는 헤어살롱을 찾지 못해서 어쩔 수 없이 다닌다는 지인들이 많다. 그들은 헤어살롱을 소개받기를 원한다. 불만고객의 경우 한 명의 고객 뒤에 250명의 보이지 않는 고객이 있다고 한다. 이것을 반대로 생각해보면 '한 명의 고객 뒤에 소개받을 250명의 고객이 있다'는 것이다.

그리고 고객에게 소개 부탁을 자신 있게 할 수 있을 경우는 지금 당신 앞에 앉아 있는 고객에게 최선을 다했을 때이다. 오늘 시술한 고객 중 몇 명이 지명고객으로 재방문할 것인지 생각해보자. 재방문고객과 지명고객이 많을수록 담당 헤어디자이너를 지인에게 소개할 확률이 높아진다.

고객을 위한 차별화된 프로그램을 만들어라

어느 날 여동생에게서 전화가 왔다. "언니, 내일 태현이 학교에 부모참관수업이 있는데 아무래도 클리닉을 해야 할 것 같아. 머릿결이 너무 푸석푸석해." 클리닉을 하고 가겠다는 말의 의도를 알기에 나는 웃음이 나왔다. 학부모들의 암묵적 스타일 경쟁이 소도시에서도 일어나고 있음을 동생을 통해서 이미 들었기 때문이다. 특히 학기 초가 되면 엄마 고객들이 외모에 부쩍 신경 쓴다는 것을 고객들을 통해서도 듣고 있었다.

나는 이런 이야기를 들으면서 갑자기 학교 방문 시즌에 맞춰 '엄마 학교 가는 날 클리닉'을 만들고 싶어졌다.

차별화된 헤드스파 프로그램을 개발하라

헤어살롱에서 운영되는 두피 및 모발 관리는 전문 지식을 바탕으로 시술 프로세스가 프로그램화되어 있다.

지인의 헤어살롱에서는 헤드스파 관리와 모발 클리닉을 특화 상품화했다. 오감을 충전시키는 이 프로그램은 아로마 오일을 활용하여 고객의 감정 상태를 체크하는 것부터 시작한다. 고객의 감정에 따라 블랜딩된 '퍼스널 감정 오일'은 헤드스파를 받는 동안 '향기'로 고객의 컨디션을 관리해준다. 그다음에는 고객이 선호하는 음악과 차를 선택하게 하고, 지압의 세기를 선택할 수 있게 한다. 클리닉 전용 샴푸대에 누워 편안한 상태로 두피와 모발 관리 시술을 받게 된다. 관리 받는 동안 심신의 힐링과 휴식 시간이 되어 부족한 수면을 채우기도 한다.

헤드스파 관리를 하면 전문제품과 두피 마사지를 통해 혈액순환을 시켜주어 신진대사가 원활해진다. 이때 혈액을 타고 산소와 영양분이 이동되어 가늘어진 모발에 영양을 공급해준다. 모발의 영양 공급이 중요하다는 것은 다이어트를 할 때 머리카락이 가늘어지고 빠지는 것을 보면 확인할 수 있다.

고객들은 가늘어진 모발에 대해 "어느 날부터 정수리가 휑해지는 것 같다"고 말한다. 특히 헤어 라인이 무너지면서 이마가 M자로 휑하게 보이는 부분이 있다. 이 부분을 '잔머리 커트'로 보완하기도 하지만 적극적인 관리가 필요하다. '두피 영양 세럼'으로 관리할 것을 제안해야 한다. 간혹 온라인에서 두피 관리 세럼을 바르고 "한 달 만에 모발이 풍성해졌어요"라며 비포 앤드 애프터를 비교하여 광고하는 것을 본다. 과연 책임감 있는 광고인가 의심스럽다. 어떤 원료를 얼마나 넣었는가에 따라 제품의 가격도 효능도 달라진다. 신뢰도가 높고 검증된 제품을 선택할 수 있도록 전문가로서 제안해야 한다.

헤어디자이너는 고객의 헤어주치의다

주치의가 환자의 혈압과 혈당을 주기적으로 체크하여 관리하듯이 담당 헤어디자이너는 고객의 모발과 두피의 건강상태를 체크해야 한다. 고객이 지불하는 금액에는 모발 커트 요금 이외에 두피나 모발 상태에 대한 조언을 듣는 것도 포함되어 있기 때문이다.

고객의 문제성 두피를 보면 '어떻게 좋아지도록 할까?'에 대한 조바심을 내야 한다. 두피는 고객 스스로 직접 볼 수 없기에 문제가 생겨도 아프지 않으면 자각하지 못하는 경우가 많다. 그러므로 고객의 두피의 상태를 거울로 꼭 확인시켜주어야 한다. 두피가 건강한 청백색 상태일 때도 현재 두피 상태가 건강하다는 걸 확인시켜줄 필요가 있다.

고객의 불규칙한 생활습관, 혈액순환 장애, 수면부족, 스타일링 제품을 바른 상태로 잠을 자거나 생활 오염이 제대로 샴푸되지 않아 생기는 문제 등을 방치하게 되면 지루성 두피가 되거나 탈모로 이어지게 된다. 헤어주치의로서 간섭을 하지 않게 되면 고객은 관리 시기를 놓쳐 이후에는 치료 단계에 들어가 더 큰 비용을 들여 병원에 가야 한다.

다음은 고객의 라이프스타일을 확인해야 한다. 골프를 즐기는 고객들의 경우 라운딩을 다녀온 직후에는 고객들의 가르마 부분이 자외선으로 손상되어 있다. 특히 여성들의 경우 얼굴 보호를 위해선 캡을 쓰는 경우 정수리 부분이 노출되어 그을려 있다. 자외선에 노출되어 두피나 모발이 손상되지 않도록 모자 선택과 가르마와 모발에 자외선 차단제를 도포하도록 안내해야 한다. 또 모자를 쓴 상태로 장시간 운동을 하므로 두피에 땀과 열이 많이 난다. 이때 딥 클렌징 샴푸와 보습 트리트먼트 케어 제품 사용을 제안한다.

바캉스 시즌의 경우 휴가를 다녀온 고객의 경우 모발 탈색이나 손상된 상태가 된다. 이상적인 케어 관리는 휴가를 가기 전에 클리닉을 받고, 휴가지에서도 매일 트리트먼트를 하는 것이다. 그리고 휴가를 다녀온 직후 모발 클리닉으로 모발 내부와 외부를 보수하면 좋다. 즉시 모발을 보수하면 차후에도 희망하는 스타일을 즐길 수 있다.

마지막으로, 클리닉 시술 시 시술 단계를 설명해야 한다. 특히 복합 시술 클리닉인 염색이나 펴머 시술을 할 때 적절한 설명이 없으면 고객은 언제 클리닉을 했는지 모른다. 단독 클리닉 시술을 할 때는 모발 손상도에 따라 클리닉 제품의 양이나 시술 테크닉을 다르게 하는 전문성이 필요하다.

화학시술 시 진행하는 복합 클리닉 시술은 모발을 좋아지게 하는 것이 아니다. 모발 내부를 단백질로 채움으로써 펴머의 완성도를 높이고 손상을 줄이는 것이다. 열펴머의 경우 클리닉 시술은 고열로부터 모발 표면의 열 대응력이 높아져 높은 온도를 견디게 한다. 이런 내용을 고객에게 설명해주어야 고객은 지불한 클리닉의 가치를 제대로 느낄 수 있다.

헤어살롱에서 클리닉이 효과적인 것은 전문제품을 사용하는 이유도 있지만 '클리닉을 어떻게 시술하는가'의 정성에 따라 시술 결과가 달라지기 때문이다. 나는 클리닉을 할 때 "보약을 다리듯이 모발을 한 올 한 올 다린다"라는 표현을 쓴다.

퍼스널 케어 시스템으로 관리하자

고객들이 다양한 금액대의 메뉴로 클리닉을 즐길 수 있도록 해야 한다. 손상도에 따라 집중 클리닉을 해야 하는 모발이 있는 반면에, 합리적인 금액으로 자주 관리를 해야 할 수도 있다. 그러므로 고객의 모발 상태에 따른 제품 선정과 클리닉 주기를 '퍼스널 케어 시스템'으로 관리할 것을 제안한다. 한 가지 클리닉 제품으로 5회 또는 10회 받기보다는 '보습 관리', '영양 관리', '손상 관리' 프로그램으로 병행하여 시술할 필요가 있다.

클리닉 회원권을 구매한 고객이 1년이 지나도록 회원권이 남아 있다면 클리닉의 효과를 제대로 볼 수 없다. '두피와 모발 집중 관리 기간'을 명확히 하고, 다음 시술 일을 '선예약'하여 책임감 있게 관리해주어야 한다. 수시로 클리닉 회원권을 구매한 고객의 명단을 확인하자. 오래 전에 회원권을 끊어놓고 오지 않는 고객이 있다면 바로 연락해서 방문하게 해야 한다.

고객은 사용할 수 있는 회원권이 남아 있어도 오랫동안 가지 않으면 잊어버리거나 '가도 되나' 싶어서 방문하기가 쉽지 않다. 특히, 1회 남은 고객들이 마지막까지 미안해하지 않고 재방문할 수 있도록 안내해야 한다. 언제나 새로운 고객을 만나기 위해 발버둥칠 것이 아니라 우리를 믿고 회원권을 결제한 잃어버린 고객을 찾는 게 중요하다. 클리닉 고객의 적극적인 관리와 고객의 두피와 모발의 주치의로서의 책임감을 통해 기회를 얻는 것이 헤어살롱 매출 향상에 도움이 된다.

에필로그

더 많은 미용인들과 현장에서 만나기를 희망합니다

이 책을 쓰면서 미용인으로서의 제 삶을 진지하게 돌아보는 계기가 되었습니다. 저의 스승은 그동안 미용 현장에서 만난 선배, 동료, 후배, 고객들이었습니다. 저와 함께했던 이분들의 사랑과 신뢰, 인내와 희생이 저를 성장시켜주었음을 깨달았습니다.

그리고 우연히 만난 NLP는 이 길에 대한 확신과 저 스스로의 정체성을 찾도록 도움을 주었고, 이 책을 쓰는 동안 좌절하는 저를 만날 때마다 일으켜 세워주었습니다. 지금까지 저는 일을 잘하는 사람으로 평가받았지만, 저 스스로는 끊임없이 방황하고 고민하는 삶을 살았습니다. 제가 성공한 경험만 있었다면 이 책을 쓰지 못했을 것입니다. '목표' 지향적인 삶에서 '목적' 있는 삶으로의 전환점인 지금,

앞으로의 제 삶은 헤어살롱 비즈니스의 현장 전문가로서 함께 공부하고 고민을 나누며 더 많은 미용인들을 헤어살롱 현장에서 만나기를 희망합니다.

이 책을 세상에 내놓기까지 끊임없는 격려와 지지를 보내주신 많은 분들이 있습니다. 지난 20년간 언제나 한결같이 믿어주시는 스승이신 유현주 교수님, 저를 강점으로 바라보고 키워주신 위운미 대표님, 멘토이자 삶의 벗인 최미영 본부장님, 경영을 바라보는 관점의 눈을 뜨게 해주신 전옥표 대표님, 언제나 있는 그대로의 나를 믿어주는 소울메이트 유키, 김민, 강중, 소희, 지수, 지나, 지치지 않게 챙겨주고 힘을 주신 서선옥 원장님, 성장 동력으로 함께 하는 김수경 대표님, 스터디 팀 석조 원장님, 임은숙 원장님, 제 자신과 만날 수 있도록 지도해주신 NLP 신용협 코치님, 솔직한 피드백으로 성장할 수 있게 함께 공부하는 NLP 동문들, 18년간 제가 만난 미용계의 선배, 동료, 후배분들, 책을 처음 써본 저에게 늘 용기를 주시며 이끌어주신 김옥경 부장님, 사랑하는 우리 가족, "이모 책을 서점에서 보게 되면 뿌듯할 거야"라며 기다리는 사랑스런 네 명의 조카들 권태현, 권서람, 지연서, 지서연, 어느새 성숙한 숙녀가 된 조카둘 김유빛나라, 변하늘 그리고 항상 저를 사랑하고 믿어주시는 주변의 많은 분들께 진심으로 감사의 말을 전합니다.

마지막으로 헤어살롱 현장 전문가로 브랜딩하여 세상 밖으로 도전하는 것을 망설이지 않게 출간을 도와주신 라온북에 깊은 감사드립니다.

부록

1. 월별 전체 성과 관리표
2. 월별 홈 케어 고객 관리 기록표
3. 연간 홈 케어 제품 판매 성과 관리표
4. 월별 소개고객 관리표
5. 예약고객 일일 사전 계획표
6. 헤어살롱의 서비스 언어

1. 월별 전체 성과 관리표

매월 매출의 등락은 총 매출로 확인하는 것뿐만 아니라 디테일한 분석도 필요하다. 매월 마감 이후 전체 매출 관리, 홈 케어 매출 관리, 시술 메뉴별 관리, 고객 수 관리에 관한 기록들을 통해서 성과를 확인해야 한다. 물론 고객 관리 프로그램의 데이터로도 상황을 파악할 수 있지만 이 데이터를 바탕으로 필요한 항목을 수기로 작성한 후 파악할 경우 체감도가 다르므로 반드시 수기로 작성할 것을 추천한다.

① 전체 매출 관리
- 결제 매출이 발생된 구성을 파악하여 증감의 원인을 알 수 있다.
- 총 매출: 해당 월에 발생된 총 결제 매출
- 시술 매출: 멤버십, 회원권에서 사용된 매출+단일 결제된 시술 매출
- 멤버십, 회원권 매출: 해당 월의 신규 결제 매출 & 건수
- 이벤트 매출: 해당 월에 기획된 이벤트로 발생된 매출

② 홈 케어 매출 관리
- 홈 케어 및 홈 스타일링 제품의 판매 구성 파악과 판매 제안을 계획할 수 있다.
- 매장 주력 판매 제품을 구성할 수 있다.

③ 시술 메뉴별 관리
- 시술 메뉴에 따른 고객 수를 파악할 수 있다.

④ 전체 고객 수 관리
- 월 입점 고객 현황과 구성을 파악할 수 있다.

(　　)월 전체 성과 관리표

전체 매출 관리										
매출	총 매출	시술 매출	시술 건수	멤버십 매출	판매 건수	회원권 매출	판매 건수	이벤트 매출	이벤트 건수	
전월										
당월										
증감										
목표										
홈케어 매출 관리										
제품	총 제품 판매 매출	총 판매 수량	제품 수당	샴푸 (금액/수량)	트리트먼트 (금액/수량)	모발에센스류 (금액/수량)	두피에센스 (금액/수량)	왁스류 (금액/수량)	스프레이류 (금액/수량)	브러시 등
전월										
당월										
증감										
목표										
시술 메뉴별 관리										
매출/고객 수	펌	고객 수	컬러	고객 수	커트	고객 수	모발 클리닉	고객 수	두피 클리닉	고객 수
전월										
당월										
증감										
목표										
고객 수 관리										
고객(명)	총 고객 수	신규	지명	소개	남성	여성	학생, 유아	동반 시술	선예약 건수	
전월										
당월										
증감										

2. 월별 홈 케어 고객 관리 기록표

일일 제품 판매를 기록하여 관리할 경우 담당 헤어디자이너가 제안하는 주력 제품을 파악할 수 있다. 월별 홈 케어 고객 기록을 통해 고객의 연령대, 스타일, 성별에 따른 추천 제품과 고객 선호 제품을 파악하여 본인만의 베스트 상품으로 설계할 수 있다. 이렇게 홈 케어와 홈 스타일링을 구분하여 기록할 경우 차후 고객의 사용 후 피드백과 다음 추천 제품의 선정이 쉽다는 장점이 있다.

① 매월 홈 케어, 홈 스타일링 제품의 판매 매출 목표를 정할 수 있다

② 제품을 구매한 고객의 상담, 고민 사항 등을 기록해 관리할 수 있다.

(　　월) 홈 케어 고객 관리 기록표

스타일리스트:

(　　월) 목표 매출:	전체 매출:	전체 고객 수:	구매 고객 수:
(　　월) 목표 홈 케어 매출:	총 홈 케어 매출:	매출 대비 %:	고객 수 대비 %:

No	고객평	제품명		판매 금액	메모 사항 (연령대, 상담, 고민, 약속 등)
		홈 케어	홈 스타일링		
1					
2					
3					
4					
5					
6					
7					
8					
9					
10					
11					
12					
13					
14					
15					

3. 연간 홈 케어 제품 판매 성과 관리표

헤어살롱의 매월 총 매출은 '시술 매출'과 '제품 판매 매출'로 이루어진다. 제품 판매 매출을 꼼꼼히 기록해서 살펴보면 매출 성과에 따라 최소 영업 1일치의 매출이 발생되는 것을 확인할 수 있다. 따라서 매월 총 매출을 기록하여 연간 총 홈 케어 판매 매출을 관리하고 인식해야 한다. 연간 홈 케어 제품 판매 성과 관리표를 작성하면 다음과 같은 이점이 있다.

① 제품 판매의 연간 기록표를 작성하여 관리할 수 있다.

② 구매 고객 수의 파악으로 홈 케어의 제안력을 파악할 수 있다.

③ 제품 수당을 기록하여 제품 판매 수익에 대한 인식을 높일 수 있다.

(년) 연간 홈 케어 제품 판매 성과 관리표

월	총 매출	홈 케어 제품 매출	매출 대비 제품 판매 비율 %	전월대비 증감매출	총 고객 수	구매 고객 수	총 고객 수 대비 구매 비율 %	전월 대비 증감 고객 수	제품 판매수당
1월									
2월									
3월									
4월									
5월									
6월									
7월									
8월									
9월									
10월									
11월									
12월									
합계									
기타									

4. 월별 소개고객 관리표

소개고객의 성장 목표는 신규고객 창출과 고객 관리에 긍정적인 영향을 끼친다. 소개고객은 기존 고객을 만족시켜야만 창출되는 고객이기 때문이다. 이를 위해서는 매월 목표 소개고객 수를 정해 기록을 관리한다. 그리고 소개고객이 매장에 방문한 경우 소개해준 고객에게 당일에 문자를 발송함으로써 반드시 감사의 마음을 표현한다. 그리고 매월 소개를 많이 해주는 고객을 파악하여 분기별 또는 연간 VIP 소개 감사 고객으로 특별관리한다. 이처럼 월별 소개고객 관리표를 작성하면 다음과 같은 이점이 있다.

① 소개고객으로 발생한 매출을 기록할 수 있다.

② 소개고객 확보 관련 이벤트, 적립 등의 시스템을 계획할 수 있다.

③ 소개고객 관리표를 분석해 소개고객의 증감원인을 파악할 수 있다.

(　　)월 소개고객 관리표

NO	날짜	추천인	고객명	시술	금액	기타	감사 문자
1							
2							
3							
4							
5							
6							
7							
8							
9							
10							
11							
12							
13							
14							
15							
16							
17							
총 소개 고객 수 :				최다 소개 고객명 :			

5. 예약고객 일일 사전 계획표

헤어살롱에서는 예약고객의 고객명, 예약시간, 예약시술을 확인하는 것으로 하루 일과를 시작한다. 여기서 한 발 더 나아간 적극적인 고객 관리법은 고객에게 최상의 스타일을 만들어내는 것을 기준으로 예약고객 일일 사전 계획표를 작성한다. 이렇게 하면 고객의 추천 스타일을 미리 준비하고 제안하여 적극적으로 소통할 수 있다는 다음과 같은 6가지의 이점이 있다.

① 매일 아침 영업 시작 전 고객의 예약시술 사항을 미리 파악할 수 있다.

② 예약된 시술 이외에 고객에게 추천할 최상의 스타일을 사전에 계획할 수 있다.

③ 예약고객의 멤버십, 회원권의 소지 여부나 잔여금액을 확인한 후 신규, 재연장, 할인을 계획할 수 있다.

④ 예약시술에 따른 홈 케어 제안을 사전에 준비할 수 있다.

⑤ 일일 사전 계획으로 파트너와 공유된 정보로 매출과 고객 관리에 있어서 시너지 효과를 만들어낼 수 있다.

⑥ 오늘 시술한 스타일의 '아름다움의 유통기한일'을 제시한 후 명확한 날짜의 선예약을 작성할 수 있다. 다만 선예약에 대한 고객의 심리적 부담은 2~3일 전 취소 전화로 가능하다고 제안한다.

예약고객 일일 사전 계획표

목표 고객 수 : 명 / 목표 소개 고객 수 : 명 / 일일 목표 고객 수 : 명 날짜 / 요일 :

NO	고객명	신규/지명	예약 시술	고객 관련사항	추천 스타일	회원권 멤버십	추천 홈 케어 금액	+제안 내용 +금액	선예약일

6. 헤어살롱의 서비스 언어

• **인포메이션**

변경 전	변경 후
예약하고 오셨어요?	예약 확인해드리겠습니다.
찾으시는 선생님 계십니까? 어떤 거 하시게요? 뭐 하시게요?	담당 디자이너 있으십니까?
담당 선생님께 여쭤봐 드리겠습니다.	담당 디자이너에게 확인해드리겠습니다.
오늘 ㅇㅇ선생님 쉬시는 날이세요.	담당 디자이너가 휴무입니다.
결제 도와드리겠습니다.	결제해드리겠습니다.
20% 할인 적용되셨습니다. 2만 원이십니다.	20% 할인 적용되었습니다. 2만 원입니다.
주차권은요?	주차권 필요하십니까?
전화번호가 어떻게 되십니까?	실례지만 전화번호 확인 부탁드립니다.
예약 완료되셨습니다.	예약 완료되었습니다.
담당 선생님 시술 중이세요. 전화드리라고 할게요.	담당 디자이너가 시술 중입니다. 내용을 남겨주시면 전달드리도록 하겠습니다.

• **고객 물품 보관 장소**

변경 전	변경 후
소지품 보관하시겠습니다.	고객님의 시술을 담당할 ○○입니다.
보관 열쇠 번호 3번이십니다. 열쇠 받으실게요.	보관 열쇠 번호 3번입니다. 열쇠 드리겠습니다.
보관하신 가방 여기 있으십니다.	보관하신 가방 여기 있습니다.
가운 입고 허리끈 묶어주세요.	가운 착용 부탁드립니다. 허리끈 여밈 해드리겠습니다.
가운 여기 벗으세요.	착용하셨던 가운은 저에게 주십시오.
다 챙기셨어요?	잊으신 물건 없으신지요?
옷 갈아입고 나오세요.	가운으로 갈아입고 나오시면 됩니다.
귀걸이도 같이 보관하실게요.	(귀걸이 등) 분실 위험이 있으니 폴리 백에 넣어 함께 보관해드리겠습니다.

• **고객 대기석**

변경 전	변경 후
시술석으로 가실게요.	시술석으로 안내해드리겠습니다.
말씀하신 잡지책이십니다.	말씀하신 잡지책입니다.
주문하신 아메리카노 나오셨습니다.	주문하신 아메리카노입니다.
음료 나오셨어요. 뜨거우시니 조심하세요.	음료 나왔습니다. 뜨거우니 조심하시기 바랍니다.
고객님! 샴푸실로 가실게요.	고객님! 샴푸실로 안내해드리겠습니다.
오늘 뭐 하실 거예요? 상담 도와드릴게요.	어떤 시술 원하시는지요? 상담해드리겠습니다.
여기서 기다리세요.	잠시만 기다려주시겠습니까?
책 뭐 갖다 드릴까요?	잡지책 준비해드리겠습니다. 여성지와 패션지 중 어떤 것으로 준비해드릴까요?
오른쪽에 책 있어요.	스타일북은 오른편에 있습니다.
기다리시게 해서 죄송합니다.	기다려주셔서 고맙습니다.

• **샴푸실**

변경 전	변경 후
뒤로 천천히 누우실게요.	뒤로 천천히 누워주시기 바랍니다.
일어나실게요.	천천히 일어나 주십시오. 제가 등을 받쳐드리겠습니다.
지금 사용하시는 샴푸는 쿨링 샴푸이십니다.	지금 사용하는 샴푸는 쿨 샴푸입니다.
집에서는 뭐 쓰세요?	자택(댁)에서는 어떤 샴푸를 사용하시나요?
페이스 커버이십니다. 얼굴 가려드릴게요.	페이스 커버입니다. 얼굴 가려드리겠습니다.
뜨거우세요? 차가우세요?	더 헹구고 싶은 곳 있으십니까?
수고하셨습니다.	(샴푸 후) 자리로 안내해드리겠습니다.
설명하지 않고 자리를 뜸 / 5분 있다가 올게요.	영양제가 흡수될 수 있도록 5분 더 방치하도록 하겠습니다. 편안히 기다려주십시오.
아프세요? 약하게 할까요?	지압 서비스입니다. 강도 조절을 원하시면 말씀해주십시오.

• **시술대**

변경 전	변경 후
고객님의 시술을 도와드릴 디자이너 ㅇㅇ입니다.	고객님의 시술을 담당할 ㅇㅇ입니다.
시술 도와드리겠습니다. 머리가 기시고, 숱이 많으시니까 시간이 좀 더 소요됩니다.	시술해드리겠습니다. 모발 길이가 길고, 숱이 풍성해서 시간이 좀 더 소요됩니다.
오른쪽 머리가 좀 더 기신 것 같아요.	오른쪽 머리카락이 좀 더 긴 것 같습니다.
정수리 부분 볼륨이 죽으셔서 좀 더 살리셔야 합니다.	정수리 부분 볼륨이 약해서 좀 더 풍성하게 연출해드리겠습니다.
약 발라 드릴게요.	약 도포해드리겠습니다.
중화 흐르시면 말해 주세요.	더 헹구고 싶은 곳 있으십니까?
뜨거우면 말해주세요.	열처리 작업이 진행됩니다. 두피가 뜨겁거나 불편한 곳 있으시면 말씀해주십시오.
내일이랑 모레는 샴푸하지 마세요.	이틀 정도 샴푸 안 하시는 게 좋습니다. (이유를 설명한다)
머리 많이 나셨네요.	모발 숱이 풍성해졌습니다.
색깔 잘 나오셨어요.	컬러가 피부 톤에 잘 맞게 어울려서 더욱 화사해 보입니다.

• **기타**

변경 전	변경 후
고객님! 화장실은 이쪽이십니다.	고객님, 화장실은 이쪽입니다.
휴지 가져가세요.	휴지 챙겨가셔야 합니다.
예약하고 오셔야 돼요.	예약 전화를 주시면, 좀 더 편리하게 이용하실 수 있습니다.
뭐 찾으세요?	필요한 물건이 있으면 말씀해주십시오.
밖에 비 오는데 우산은요?	밖에 비가 옵니다. 우산은 가져오셨는지요?

사장교과서

주상용 지음 | 14,500원

사장, 배운 적 있나요?
사장이 반드시 알아야 할 기본개념 40가지

이 책에서는 기업 CEO들의 생각 친구, 경영 멘토인 저자가 기업을 성장시키는 사장들의 비밀을 알려준다. 창업 후 자신의 한계에 부딪혀 심각한 성장통을 겪고 있는 사장, 사람 관리에 실패해서 바닥을 경험하고 새로운 재도약을 준비하고 있는 사장, 위기 앞에서 이젠 정말 그만해야겠다고 포기하기 직전에 있는 사장, 어떻게든 사장을 잘 도와 회사를 성장시키려는 팀장 또는 임원, 회사의 핵심인재가 되려고 사장의 마음을 알고 싶은 예비 해결사 직원, 향후 일 잘하는 사장이 되려고 준비 중인 예비 사장들에게 큰 도움이 될 것이다.

마켓 4.0 시대 끌리는 기업은 고객서비스가 다르다

정원석 지음 | 14,500원

마케팅하지 않고 고객을 끌어들이는
최고의 방법 제시

고객만족을 외치는 기업은 차고 넘친다. 그러나 실제로 이에 만족하는 고객은 얼마나 될까? 14년간 고객서비스 팀을 운영해온 저자는 이 책을 통해 고객서비스가 더 이상 영업, 마케팅 후단의 불만 처리 영역에 머무르는 것이 아니라 기업 혁신의 도구로 사용되어야 한다고 주장한다. 이 책은 4차 산업혁명 시대, 마켓 4.0 시대에 고객서비스를 기업 경쟁력 강화 도구로 활용하려는 기업 경영진, 기업에서 고객서비스 직무를 담당하는 실무자, 고객서비스 현업 업무에서 고객서비스 관리자로 움직이려는 담당자에게 통찰력을 제공해줄 것이다.